200 orac

Los maravill

Orar

los

nombres

de Dios

LEANNE BLACKMORE

CASA PROMESA
Una división de Barbour Publishing, Inc.

ISBN 978-1-68322-690-1

Desarrollo editorial. *Semantics, Inc.* P.O. Box 290186, Nashville, TN 37229. semantics01@comcast.net

Publicado por Casa Promesa, 1810 Barbour Drive, Uhrichsville, Ohio 44683, www.casapromesa.com

Nuestra misión es inspirar al mundo con el mensaje transformador de la Biblia.

Impreso en Estados Unidos de América.

Introducción

Lo creas o no, estaba orando —orando para ser una mejor ora-dora—, cuando recibí la llamada.

Durante años leí cuidadosamente la Palabra, preparé enseñanzas, impartí clases bíblicas, y hasta escribí libros de estudio bíblico. Pero mi vida de oración se ha sentido siempre casi anémica. Hablaba con Dios, le pedía su dirección, le presentaba peticiones y, ocasionalmente, me ponía seria y ayunaba. Sin embargo, la profundidad de mis conversaciones parecía limitada... mi enfoque, superficial.

Hace varios años, dirigí una clase sobre los nombres hebreos de Dios en el Antiguo Testamento. Nuestro versículo clave provenía de Proverbios 18.10: «El nombre del Señor es una fortaleza firme; los justos corren a él y quedan a salvo» (NTV). Fue un estudio rico que abrió nuevas facetas en mi relación con el Señor. Aprender nombres como Jehová-Jireh (Nuestro Proveedor), El Elyón (Dios Altísimo), y Adonai (Señor, Maestro) me permitió acercarme a él de una forma completamente nueva, y correr hacia él para hallar seguridad y confianza.

El deseo de acceder de nuevo a ese tipo de conocimiento fresco me impulsó a orar por mi vida de oración. No mucho después de comenzar a orar para ser una mejor ora-dora, Annie, una antigua estudiante de la Biblia, se contactó conmigo. «¿Recuerdas esas series que impartiste sobre los nombres hebreos de Dios?».

«¡Claro! ¿Por qué? ¿Qué ocurre?».

«Bien —prosiguió Annie—, nuestra compañía se preguntaba si estarías interesada en escribir un devocional de oración sobre los nombres de Dios. Sé que te centraste en unos cuantos nombres concretos cuando diste la enseñanza, pero nos gustaría tener un libro clásico titulado *Orar los nombres de Dios* como trampolín para este proyecto. ¿Qué te parece?».

Compartió unos cuantos detalles más para que pudiera comprender mejor la idea y me preguntó de nuevo: «Entonces, ¿estarías dispuesta a escribir esto para nosotros?».

Al darme cuenta de que Dios podría tener algo entre manos (¿acaso no lo está siempre?), quería gritar: «¡Sí!». Sin embargo, pensé que debería dar la impresión de ser un poco más madura y de tener más sabiduría espiritual, así que le dije a Annie que oraría al respecto y le daría una respuesta. Tras colgar el teléfono, reía y lloraba al mismo tiempo. *Señor, tú sí que sabes responder las oraciones de un modo que supera nuestras expectativas y nuestra imaginación, ¿no es así?*

Permíteme ser sincera, lo que comenzó como un ejercicio fresco y estimulante, no tardó en convertirse en uno de los viajes espirituales más desafiantes que hubiera realizado jamás. ¿Por qué? Porque la oración es personal. Desnudar mi corazón y mi alma me hacía vulnerable, y me arrastraba fuera de mi zona de confort. Y la oración es emocional. Recurrir a antiguas heridas y celebrar nuevas victorias me obligó a subirme a una montaña rusa de sentimientos. Pero la oración es poderosa. Descubrí que expresar, pedir, quejarme y confesar no hacía necesariamente que Dios se moviera, pero él sí me movía a mí, me acercaba a una alineación más íntima con su voluntad y sus caminos. Me llevaba a cumplir el propósito para el que me había creado; ¡a conocerlo y a hacer que lo conozcan!

Espero que al leer estas oraciones tú también seas movida. Conducida a:

Alabar a Dios (a través de la *adoración*)
Reconocer tu pecado (a través de la *confesión*)
Mostrar aprecio por quien Él es y por lo que Él ha hecho (a través de la *acción de gracias*)
Hacer que nuestro Padre celestial conozca tus peticiones (a través de la *súplica*).

Mi objetivo consistía en escribir oraciones que fuesen específicas en mi vida, pero suficientemente generales para que tú pudieras insertar tus propias preocupaciones e historias personales. Descubrirás diversidad de estilo: prosa, poesía, citas directas de la Palabra, así como otras parafraseadas. También he utilizado una variedad de versiones bíblicas, unas formales y otras informales.

Espero que la suma total de estos esfuerzos resulte en un nuevo impulso para las conversaciones más profundas entre tú y Dios. Estoy segura de que, como a mí, te asombrará la gran cantidad de nombres de Dios que se hallan en las páginas de las Escrituras. Antes de este proyecto, pensaba que conocer unos cuantos nombres como Proveedor, Dios Altísimo, y Maestro fortalecía mi vida de oración. Ni imaginaba que Clavo en lugar firme, Escondedero contra el viento y Señalado entre diez mil también eran nombres a los que podía acudir para hallar refugio y seguridad.

Por tanto, lo creas o no, yo estaba orando ¡y Dios me dejó pasmada al responder con doscientas oraciones suyas! Ahora le pido al Señor que también te deje a ti boquiabierta con estas doscientas oraciones.

LeAnne

Contenido

ADORACIÓN

... porque no hay dios como nuestro Dios.

«Pues no hay otro Dios aparte de mí, un Dios justo y Salvador; fuera de mí no hay otro».

ISAÍAS 45.21 NTV

El Todopoderoso (El Shaddái)

〜❀〜

Cuando Abram tenía noventa y nueve años, el SEÑOR se le aparecía y le dijo: «Yo soy El-Shaddai, "Dios Todopoderoso". Sírveme con fidelidad y lleva una vida intachable».

GÉNESIS 17.1 NTV

Señor, prometiste a un hombre y a una mujer ya ancianos que tendrían un hijo, mediante la declaración. (Génesis 18.14 LBLA) ¡Mantuviste esa promesa cuando tenían cien y noventa años respectivamente, y demostraste que *nada* es demasiado difícil para ti!

Hoy te pido que me hagas tener en cuenta lo mismo, y que sepa que la respuesta será siempre un sonoro «*¡No!*».

¿Te resulta demasiado difícil sacar vida de la muerte? ¡No!

¿Te resulta demasiado difícil calmar mi tormenta? En absoluto.

¿Te resulta difícil proveer recursos cuando parece que no hay de donde sacarlos? *¡No!*

Es divertido, Señor, casi puedo oírte decir: «¡Adelante, sigue preguntando!», porque es evidente que esta pregunta se vuelve retórica cuando se trata de ti, el Todopoderoso.

Te alabo, El Shaddai, por cumplir poderosamente cada una de tus promesas, ¡porque no hay nada demasiado difícil para ti! Amén.

TODO UN ENCANTO

Su paladar es la dulzura misma; ¡él es todo un encanto!
CANTARES 5.16 NVI

SEÑOR, si abro los ojos y me tomo el tiempo de mirar a mi alrededor, veo belleza por todas partes; los colores del cielo, el cambio de las estaciones, los pájaros fuera de mi ventaja. Si reduzco la marcha lo suficiente para contemplar el ir y venir de las personas, también ahí me percato de la belleza; la variedad de tonos de piel, las texturas del cabello y los rasgos de personalidad ¡son interminables! ¡Estoy rodeada de destellos de tu gloria!

Señor, ayúdame a quitarme las vendas para que pueda contemplar hoy tu hermosura. Que no me quede tan atrapada en la rutina diaria que me pierda tu magnificencia. Eres cautivador. Eres fascinante. Eres todo un encanto, y te amo. Amén.

El amén

*Pues todas las promesas de Dios se cumplieron en Cristo
con un resonante «¡sí!», y por medio de Cristo, nuestro
«amén» (que significa «sí») se eleva a Dios para su gloria.*

2 Corintios 1.20 NTV

Padre, eres un Dios de promesas. Operas en un reino de pacto.

Prometiste que llegaría quien aplastara la cabeza de la serpiente (Génesis 3.15).

Prometiste que todas las naciones de la tierra serían bendecidas mediante la semilla de Abraham (Génesis 12.1-3).

Prometiste que el ángel de la muerte pasaría de largo ante las casas cubiertas por la sangre del cordero pascual (Éxodo 12.13).

Les prometiste a todos los que fueron mordidos por las abrasadoras serpientes del desierto que, si miraban a la serpiente de bronce colgada del poste, serían sanados (Números 21.9).

Prometiste que seríamos curados por las heridas de Cristo (Isaías 53.5).

Y prometiste paz, amor, perdón, vida eterna, fuerza, tu presencia, y mucho más. ¡Tu récord es insuperable en la economía de las promesas cumplidas! Y todo se debe a Jesús.

¡Él es tu «Sí»! ¡Es tu «Así sea»! ¡Es tu «Amén»! ¡Él refleja tu gloria!

Alabo el nombre de Jesús; ¡el Amén!

El bebé

—— ∞∞∞ ——

«Hallaréis al niño envuelto en pañales, acostado en un pesebre».
LUCAS 2.12 RVR1960

Bebé en un pesebre,
la divinidad encarnada.
La esperanza nació aquel día.

Niño del pesebre, gracias por tus humildes orígenes.
Desde el principio pintaste un cuadro de esperanza, centraste tu poder y tu grandeza infinitos en los oprimidos y los quebrantados, los perdidos y los que sufrían. Al cometerte en indefensión nos mostraste el camino al Padre. ¡Señor, tu amor es abrumador! ¡Doblo mis rodillas ante ti, pues solo tú eres digno! Amén.

Bienaventurado y único Soberano

*El bienaventurado y solo Soberano, Rey
de reyes, y Señor de señores.*

1 Timoteo 6.15 RVR1960

Oh Poderoso, Bienaventurado y solo Soberano, Rey de reyes y Señor de señores, ¡a ti sea la honra! ¡Tuyo es el poder! Solo tú eres infinito, y nadie puede cuestionar tu autoridad. Tu autoridad suprema se manifestará cuando aparezcas y reúnas a tus seguidores preparados para recibir el galardón prometido. Aunque algunos puedan burlarse ahora, y otros te nieguen, ese día *toda* rodilla se doblará y *toda* lengua confesará que tú eres Señor, para la gloria de Dios Padre.

Y a aquel que es poderoso para guardaros sin caída, y presentaros sin mancha delante de su gloria con gran alegría, al único y sabio Dios, nuestro Salvador, sea gloria y majestad, imperio y potencia, ahora y por todos los siglos (Judas 1.24-25).

Un vástago de sus raíces

Saldrá una vara del tronco de Isaí, y un vástago retoñará de sus raíces.

Isaías 11.1 RVR1960

Padre celestial, muchos milagros dan fe de la deidad de Jesús, ¡pero siempre me asombran las profecías cumplidas! «Las cosas pasadas se han cumplido, y ahora anuncio cosas nuevas; ¡las anuncio antes que sucedan!» (Isaías 42.9 NVI). Anuncias cientos de acontecimientos antes de que ocurran (¿por qué se le pasan por alto a tanta gente?). Jesús, nacido de una virgen, en Belén, obsequiado con presentes, ungido por el Espíritu, tuvo un ministerio de sanidad, enseñó mediante parábolas, fue crucificado, muerto y sepultado, resucitado de la muerte pasados tres días; ¡anunciaste todos estos hechos con antelación!

Vendría un profeta de las naciones esparcidas sobre la tierra, de la línea de los reyes que habían dejado de reinar. Un vástago de sus raíces. Y vino. Nos has manifestado que este vástago, Jesucristo, ciertamente volverá para reinar una vez más sobre Israel y, a través de Israel, sobre toda la tierra. Y lo hará.

¡Señor, sigo asombrada! ¡Señor, eres extraordinario! Amén.

RAMITO DE AZAHAR

Mi amado es para mí como un ramito de azahar de las viñas de Engadi.

CANTARES 2.14 NVI

Cuando me hallo en la lucha, en medio de unas experiencias que no son fragrantes, me siento agradecida al saber que tú eres un dulce y delicioso ramito. Estoy aprendiendo cada vez más a apreciar tus múltiples facetas. Eres Luz en medio de la oscuridad, victoria en medio de mis batallas, y paz en medio de mi caos. Eres gozo donde hay dolor, el bien donde hay mal, y amor donde hay odio.

Sí, eres hermoso mi dulce, dulcísimo Señor, y cada rasgo tuyo se añade al ramo. Tu fragancia alivia y sosiega mi alma angustiada. ¡Alabo tu bendito nombre! Amén.

Luz eterna

─────── ⚭ ───────

*«Tu sol no volverá a ponerse, ni menguará tu luna; será el
Señor tu luz eterna, y llegarán a su fin tus días de duelo».*

Isaías 60.20 NVI

El sol brilla tanto hoy, al entrar por mi ventana; es casi
cegador. Señor, en estos días en los que se acumulan los
días oscuros y tristes, ¡eleva tú mi espíritu! Es, además,
un buen recordatorio de que tú que me levantaste de la
oscuridad espiritual, eres la Luz eterna.

Nuestras vidas están tan llenas de altibajos, luces y
sombras, que la estabilidad parece casi inconcebible, y resulta más fácil comprender la oscuridad eterna que la luz
sempiterna. Pero, entonces, entras a raudales y obligas a la
oscuridad a huir.

Te alabo, Señor, por ser la Luz del Mundo. Te adoro a
ti, Luz Verdadera que alumbras a todos. Te doy las gracias
por brillar de una forma tan radiante, y ponerle fin a los
días de dolor. Amén.

FIEL

El que hizo el cielo y la tierra, el mar y cuanto lo llena. El Dios que siempre permanece fiel.

SALMOS 146.6 BLP

¡Fiel! ¡Señor, tú eres fiel!

Me llamaste a una tarea —una labor abrumadora—, y me ayudas hasta el final. Cuando flaqueé, me alentaste a continuar. Cuando toqué fondo, me proporcionaste estímulo. Cuando pensé que no había forma en absoluto de hacerlo, tú lo hiciste. Fue como si saltara a un rápido torrente —me metí en honduras—, y la corriente de tu fidelidad me mantuvo a flote, me empujó y me arrastró a lugares a los que yo sola no podía llegar.

Eres mi fuente.

Eres mi fuerza.

Tú sostienes.

Nunca abandonas, nunca desistes y nunca escapas, ¡porque tú eres fiel!

¡Te alabo, Padre fiel! ¡Exalto tu nombre! ¡Toda la gloria y la honra te pertenecen a ti! Amén.

PERDONADOR DE PECADOS

—⚬⚬⚬—

Os escribo, hijos míos, porque Dios ha perdonado
vuestros pecados en nombre de Jesús.

1 JUAN 2.12 BLP

¡Desaparecidos! ¡Borrados! ¡Erradicados!

¡Tan lejos como está el amanecer del atardecer, así has eliminado de mí mis pecados! Es noticia de interés... algo digno de señalar... ¡Es absolutamente digno de alabanza! ¡Así que alabo tu nombre!

Jesús, sin ti yo estaría estancada en el pasado, y me revolcaría en el lodo y en el fango de mi pecado. Satanás sería capaz de acusarme constantemente, y acertaría. Pero contigo, mi pasado no es más que eso, pasado, ¡y puedo seguir adelante! Las acusaciones de Satanás se convierten en mentiras. La verdad es que soy perdonada. Soy libre. Tengo ante mí un futuro lleno de esperanza. ¡Y todo te lo debo a ti, Jesús!

¡Sí, alabo el nombre de Jesús, el perdonador de mis pecados! Amén.

Dios altísimo (El Elión)

※

Bendije al Altísimo, y alabé y glorifiqué
al que vive para siempre.

Daniel 4.34 rvr1960

Señor, eres el Dios Altísimo. ¡No hay nadie como tú! Nadie es más exaltado. Nadie es más poderoso. Nadie sabe más que tú. Tú eres quien dispone y quien termina. Tú eres quien comienza y quien concluye. Eres omnipresente, omnisciente y omnipotente; grandes palabras con grandes significados, ¡y aun así no pueden contener ni abarcar todo lo que tú eres! Y porque eres todas esas cosas, puedo confiar en ti. Puedo saber que nada ocurrirá en mi vida que no se haya filtrado a través de tus dedos de amor. Puedo descansar en la realidad de que tú eres capaz de que *todas las cosas* ayuden a bien.

¡Qué honor llamarte mi Señor! ¿Por qué habría de interesarme adorar a cualquier otro o a cualquier otra cosa? ¡Nadie puede medirse contigo, Dios Altísimo! Amén.

DIOS DE MI ALABANZA

❧

Él es el objeto de tu alabanza, y él es tu Dios, que ha hecho
contigo estas cosas grandes y terribles que tus ojos han visto.

DEUTERONOMIO 10.21 RVR1960

Los árboles elevan sus brazos a ti,
las aves levantan el vuelo por ti,
el viento danza con gozo para ti,
¿Cómo alabar tu nombre?

Las estrellas salen y brillan por ti,
el trueno aplaude desde el cielo por ti,
los océanos se elevan y caen por ti,
¿Cómo fomentar tu fama?

Dios de mi alabanza, a ti levanto mi vida;
toma todo mi ser, para que el mundo pueda ver
la gloria tuya, de Aquel que vino.

Amén.

EL DIOS DE TODA LA TIERRA

***

Jehová de los ejércitos es su nombre; y tu Redentor, el Santo de Israel; Dios de toda la tierra será llamado.

ISAÍAS 54.5 RVR1960

¡Jehová de los ejércitos!

¡Redentor!

¡El Santo de Israel!

Eres Dios y no existe ningún otro. ¡Tú eres Dios y no hay nadie como tú! ¿Existe algún lugar en el cielo, o en la tierra, o debajo de la tierra que no te pertenezca?

Gobiernas y reinas desde las alturas más elevadas hasta las profundidades más hondas. Tu reino se extiende desde el microbio más pequeño hasta la galaxia más lejana, y más allá.

Sentaste las bases de la tierra. Los cielos son obra de tus manos. Tú eres el Señor de todo; ¿acaso hay otro como tú? ¡Yo no conozco ni uno solo!

Dios mío —tú, el Dios de toda la tierra—, ¡levanto mi voz en alabanza, honra y gloria a ti! ¡Tú eres el único, y te adoro! Amén.

DIOS, NUESTRO SALVADOR

Pero cuando se manifestó la bondad de Dios nuestro Salvador, y su amor para con los hombres, nos salvó.

TITO 3.4 RVR1960

Jesús, ¡tú eres Dios, nuestro Salvador!

Señor, viniste por tu bondad y tu amor.

Como Salvador, nos rescataste del poder del príncipe de este mundo, nos trasladaste del dominio de la oscuridad a tu luz gloriosa.

¡Hemos sido regenerados... renovados... restaurados, por medio de tu Espíritu Santo!

Señor, te alabo por cumplir tus promesas. Exalto tu nombre, Jesús, por darme paz a través de tu sangre. Te honro, Espíritu Santo, por capacitarme para ser testigo tuyo.

¡No hay nadie como tú! Amén.

La ofrenda de grano

«Cuando presentes grano como una ofrenda al Señor,
deberá ser de harina selecta. Derramarás sobre la
harina aceite de oliva, la rociarás con incienso».

LEVÍTICO 2.1 NTV

Padre Santo, ¡el complejo sistema de sacrificios y ofrendas que instituiste en el Antiguo Testamento parece tan confuso! Era necesario para que las personas pecadoras se acercaran a ti, un Dios santo. Pero estoy empezando a comprender que no solo lo usabas para que tu pueblo mantuviese comunión contigo, sino para que todo el mundo viera a Jesús, la única ofrenda capaz de abrir el acceso completo a ti.

Ofrenda de grano más santa, ¡tú ofreciste tu vida perfecta... por mí! Derramaste el aceite de tu Espíritu Santo, y rendiste tu vida por completo... ¡por la mía!

Jesús, te adoro, porque yo estaría perdida sin tu ofrenda perfecta. Sin tu dulce sacrificio no tendría medio alguno para acercarme al Padre. ¡Alabo su santo nombre! Amén.

El gran Dios

—◆◆◆—

Porque el Señor es Dios grande, un gran
Rey sobre todos los dioses.

SALMOS 95.3 NTV

Grande eres, ¡oh Dios! ¡Perfecto en santidad, enorme en poder, distinguido entre los demás dioses! Tu gloria alcanza los cielos. ¡Todas las huestes celestiales te adoran!

Yo también te adoro, pero mi adoración no está a la altura de tu realidad. Las palabras son inadecuadas. Las emociones están bien, pero no pueden acercarse a expresar tu magnitud. Incluso David, el salmista, luchó para transmitir la inmensidad de tu esencia. Y es que nada puede contenerte. No se te puede describir. No se te puede encajonar a través del lenguaje.

Acepta mis pobres esfuerzos por adorarte, ¡oh gran Dios! Te pido que los veas a través de los méritos de Jesús, mi Salvador. Amén.

La cabeza del cuerpo

———— ❧ ————

Él es la cabeza del cuerpo, que es la iglesia. Él es el principio, el primogénito de la resurrección, para ser en todo el primero.

Colosenses 1.18 nvi

Señor Jesús, hoy como en los tiempos pasados tu iglesia está bajo ataque. Tu cuerpo está siendo maltratado, perseguido y martirizado en todo el planeta. Los que se oponen a tu iglesia apalean a tu pueblo con descaro y brutalidad, van desde el menosprecio hasta la decapitación. Pero no se dan cuenta de que sus esfuerzos no hacen más que fortalecer y alentar a aquellos a los que buscan someter. ¡Y es que conocemos el capítulo final! ¡Sabemos que la victoria es tuya!

¡Jesús, cabeza del cuerpo, te alabo, porque las puertas del infierno no prevalecerán contra tu iglesia! ¡Jesús, te alabo porque eres supremo y preeminente en todas las cosas y sobre todo poder, principados y gobiernos de la oscuridad presente! Porque en ti habita toda la plenitud de Dios. Y a través de ti, somos completos. Amén.

SANADOR (JEHOVÁ-RAFÁ)

«¡Yo soy Jehová tu sanador!»
ÉXODO 15.26 RVR1960

Dios, hoy vengo a ti porque eres Jehová el sanador. Eres aquel que hizo nuestros cuerpos, quien elaboró y entrelazó intrincadamente cada célula; de una forma única, terrible y maravillosa nos hizo individuos. Nos conoces por dentro y por fuera, ¡hasta tienes contados los cabellos de nuestra cabeza! Por tanto, Señor, sé que eres conocedor de nuestras enfermedades y de nuestros males. Aún más, sé que tienes el poder de sanarlas.

Emocionalmente, liberaste a los oprimidos, vendaste las heridas de los quebrantados de corazón (Lucas 4.18; Salmos 147.3).

Físicamente, tomaste nuestras enfermedades, llevaste nuestras dolencias (Mateo 8.16-17).

Espiritualmente, sanaste nuestra enfermedad de pecado. «Por sus heridas ustedes han sido sanados» (1 Pedro 2.24 NVI).

¡Te alabo, Jehová-Rafá, Jehová sanador, porque puedo venir ante ti, sabiendo que tienes el poder de sanar por completo! Amén.

Yo soy (Jehová/Yahvé)

*Yo soy el que soy. Dile esto al pueblo de Israel:
«Yo soy me ha enviado a ustedes».*

ÉXODO 3.14 NTV

Señor, el Yo Soy: tú eres el Dios que desafía la descripción y la definición; eres perpetuo. Eres el Dios que no tiene límites; eres ilimitado. Eres pasado, presente y futuro. Eterno. Atemporal. Siempre. Existías antes de la fundación del mundo. Estás en los detalles de mi día. Y estarás en las incertidumbres del futuro.

Oh gran Yo Soy, te pido que me permitas descansar hoy en tu inmensidad, sabiendo que tienes a la vista mi pequeño mundo, y que me siento segura por tu presencia. Amén.

Emanuel

***

¡Miren! ¡La virgen concebirá un niño! Dará a luz un hijo, y lo llamarán Emanuel, que significa «Dios está con nosotros».

Mateo 1.23 NTV

En el dolor y en la tristeza, en el gozo y en la felicidad, tú estás conmigo.

En los procesos y en las pruebas, en mis peores momentos y en los mejores, estás conmigo.

Cuando la vida se complica y estoy harta, cuánto me consuela saber que puedo acudir a ti, porque sé que estás conmigo.

¡Venid y adorémosle!

Amén.

JESÚS

*«Y llamarás su nombre Jesús, porque él
salvará a su pueblo de sus pecados».*

MATEO 1.21 RVR1960

Jesús, nuestro predicador acabó su sermón haciendo que
todos cantaran «Jesús me ama». Al principio sonreí mientras cantábamos la canción infantil tan familiar, pensando
en ello como en un gesto dulce. Sin embargo, al continuar,
las profundas verdades emergieron desde la melodía, y me
hallé incapaz de producir ningún sonido por el nudo que
se me formó en la garganta. Las lágrimas empañaban mis
ojos, así que los cerré y me limité a escuchar, gritando en
silencio las alabanzas a tu nombre:

¡Sí, Cristo me ama!
¡Sí, Cristo me ama!
¡Sí, Cristo me ama!
¡La Biblia dice así!
Amén.

JUSTO

∞∞∞

«¡Qué justo y recto es él!»

DEUTERONOMIO 32.4 NTV

Un cántico de Moisés:

> ¡Escuchen, oh cielos, y hablaré!
>> ¡Oye, oh tierra, las palabras que digo!
> Que mi enseñanza caiga sobre ustedes como lluvia;
>> que mi discurso se asiente como el rocío.
> Que mis palabras caigan como lluvia sobre
>> pastos suaves, como llovizna delicada sobre
>> plantas tiernas.
> Proclamaré el nombre del Señor;
>> ¡qué glorioso es nuestro Dios!
> Él es la Roca, sus obras son perfectas.
>> Todo lo que hace es justo e imparcial.
> Él es Dios fiel, nunca actúa mal;
>> ¡qué justo y recto es él!
>> (Deuteronomio 32.1-4 NTV)

La vida

—⸻⊗⸻—

«Yo soy... la vida», le contestó Jesús.

JUAN 14.6 NVI

«Porque la vida de la carne está en la sangre, y yo os he dado la sangre para hacer expiación sobre el altar por vuestras vidas; pues la sangre hace expiación por la persona» (Levítico 17.11 BLP).

Señor, suena tan horrible y tan canibalesco darte las gracias por lavarme en tu sangre. Pero... ¡tu sangre proveyó expiación! ¡Tu muerte trajo vida! ¡Y sin derramamiento de sangre, no habría perdón de pecados!

Señor Jesús, ¡gracias por entregar tu vida para que yo pudiera tenerla en abundancia! Haz que pueda caminar durante el día con el conocimiento pleno de que soy perdonada, soy libre. Hiciste borrón y cuenta nueva, y puedo comparecer ante ti pura, santa, sin culpa, sin falta, ¡y con gran gozo! Oh, Jesús, único Salvador, el camino, la verdad y la vida, ¡te adoro hoy y todos los días, y te alabo por el regalo de la vida eterna!

EL QUE LEVANTA MI CABEZA

Mas tú, Jehová, eres escudo alrededor de mí;
mi gloria, y el que levanta mi cabeza.

SALMOS 3.3 RVR1960

El desánimo se ha establecido.

Me rodea la tristeza.

Mi cuerpo se siente pesado, y el movimiento es lento.

Pero tu Palabra me dice que tú, oh Señor, eres el que levanta mi cabeza.

Colocas tu mano bajo mi barbilla y la empujas con amabilidad, me haces cambiar de perspectiva y de opinión. Ensanchas mi horizonte y pones tu verdad en primer plano. Conviertes la tristeza en gozo, y el lamento en baile. Produces belleza de las cenizas.

Mi punto de vista mejora enormemente cuando miro hacia arriba. ¡Alabo a aquel que levanta mi cabeza! Amén.

Luz de la mañana

―――――∞∞∞―――――

«Es como la luz de la mañana al amanecer, como
una mañana sin nubes, como el brillar del sol
sobre la hierba nueva después de la lluvia».

2 Samuel 24.4 ntv

Señor, me despiertas con la promesa de un nuevo comienzo. Siento cómo me inunda la luz de tu amor.

Cuando sale el sol, reconozco tu fiabilidad, y hallo consuelo en ti. Cuando sopla la brisa, siento que tu bondad refresca mi espíritu. Cuando abro mis ojos a la belleza que me rodea, veo tu creatividad y sé que eres mi inspiración.

Señor, levántame de mi sueño para que perciba que tus misericordias son nuevas cada mañana. Luz de la mañana, ¡despiértame para conocerte más! Amén.

EL QUE VIVE

〜⚭〜

«No tengas miedo. Yo soy el Primero y el Último, y el que vive. Estuve muerto, pero ahora vivo por los siglos de los siglos, y tengo las llaves de la muerte y del infierno».

APOCALIPSIS 1.17-18 NVI

Mi Señor Jesús, ¡no hay otra persona ni otro Dios que pueda afirmar ser el que vive, el que murió y ahora vive por los siglos de los siglos! Como Aquel que vive, solo tú puedes darme esta vida plena y abundante, pues venciste a la muerte y el infierno. Como Aquel que vive, no solo estuviste presente en la creación, sino que todas las cosas fueron creadas a través de ti, tú les diste vida. Me has vivificado en mi carne y me has dado vida abundante en mi alma. Y un día, muy pronto, me darás una vida nueva en un cielo nuevo y una tierra nueva. Estás haciendo nuevas todas las cosas, los muertos en Cristo se levantarán primero, y todo porque tú eres el que vive, ¡el que fue sepultado y resucitó al tercer día, de acuerdo con las Escrituras!

Y no temeré, porque la muerte ya no tiene victoria ni aguijón.

Gracias sean dadas a Dios, quien nos da la victoria por medio de nuestro Señor Jesucristo, ¡aquel que vive! Amén.

El Señor Dios omnipotente

Y oí como la voz de una gran multitud, como el estruendo de muchas aguas, y como la voz de grandes truenos, que decía. ¡Aleluya, porque el Señor nuestro Dios Todopoderoso reina!

APOCALIPSIS 19.6 RVR1960

¡Oh, Señor Dios Todopoderoso, el Omnipotente! Eres inigualable en gloria, honra, majestad y poder. Estableciste la tierra y todo lo que hay en ella. Estableciste tu plan y lo estás cumpliendo día a día. Vendrás otra vez en tu poder, y reunirás a tu pueblo de toda nación, tribu y lengua, y celebraremos la victoria que proporcionaste por medio de Jesucristo. Porque «la salvación pertenece a nuestro Dios que está sentado en el trono, y al Cordero» (Apocalipsis 7.10 RVR1960).

Dios omnipotente, el único lo suficientemente poderoso para gobernar y reinar, ¡no hay nadie como tú! ¡Caigo a tus pies en adoración! Amén.

SEÑOR DE TODO

*Este es el mensaje de la Buena Noticia para el
pueblo de Israel: que hay paz con Dios por medio
de Jesucristo, quien es Señor de todo.*

HECHOS 10.36 NTV

De mi futuro, mi presente, mi pasado...
    tú eres Señor.
De mis planes, por inmensos que sean...
    tú eres Señor.
De mi familia, mis amigos, mis enemigos...
    tú eres Señor.
De mis tristezas, de mis gozos y de mis lamentos...
    tú eres Señor.

Independientemente de lo que se interponga
    en mi camino,
hoy caminaré en paz,
    ¡Porque tú eres Señor de todo!

Amén.

Jehová de los ejércitos (Jehová-Sabaóds)

Entonces dijo David al filisteo: «Tú vienes a mí con espada y lanza y jabalina; mas yo vengo a ti en el nombre de Jehová de los ejércitos, el Dios de los escuadrones de Israel, a quien tú has provocado».

1 Samuel 17.45 RVR1960

Señor, cuando David se enfrentó al gigante Goliat lo hizo con gran confianza. Sabía quién eras tú y lo que eras capaz de hacer a través de él. El texto indica que «cuando el filisteo se levantó y echó a andar para ir al encuentro de David, David se dio prisa, y corrió a la línea de batalla contra el filisteo» (1 Samuel 17.48 RVR1960). Corrió *a la línea de batalla*, ¡no huyó de ella! ¡Este pequeño renacuajo, un perdedor total, arremetió contra un gigante ante el cual se acobardaba el resto del ejército israelita! ¿Por qué? Porque te conocía a ti como Jehová de los ejércitos... el Dios de los ejércitos angelicales... ¡El Dios tan magnífico y poderoso que toda criatura sirve a sus propósitos!

Cuando me enfrente hoy a mis gigantes, permíteme recordar que puedo correr hacia ellos con la confianza de David, ¡porque Jehová de los ejércitos está a mi lado! Amén.

CREADOR DE LAS HUESTES ESTELARES

Alcen los ojos y miren a los cielos. ¿Quién ha creado todo esto? El que ordena la multitud de estrellas una por una, y llama a cada una por su nombre. ¡Es tan grande su poder, y tan poderosa su fuerza, que no falta ninguna de ellas!

ISAÍAS 40.26 NVI

Creador de las huestes estelares,
a ti sea toda alabanza;
has sellado tu gloria en nuestro mundo
y nos has dado indicaciones.
Que volvamos la mirada hacia arriba,
al cielo que no me centre en mí,
sino que reconozca a Uno mayor
¡que vive para hacernos libres!

Por tanto, alzaré mis ojos a ti
y te daré las gracias por estar ahí;
compartes tu poder y tu fuerza asombrosos
por tu propia voluntad.
Señor, haz que grite mi alabanza a ti
para que todo el mundo pueda ver,
favor inmerecido, gracia suprema,
¡salvaste a una desdichada como yo!

MEDIADOR

∞∞∞

Hay un Dios y un Mediador que puede reconciliar a la
humanidad con Dios, y es el hombre Cristo Jesús.

1 TIMOTEO 2.5 NTV

Señor, como parte de la «generación sándwich» (los que
crían niños y cuidan de sus padres ancianos de forma
simultánea), estoy experimentando una nueva etapa de
vida. Aunque mi familia no es superexigente, sigo sin-
tiendo el estrés de estar como «dentro de un sándwich».
A veces es agobiante y, a menudo, fracaso en mi función.

Sin embargo, puedo venir una vez más ante ti, porque
eres capar de sentir empatía con mi debilidad. Sabes con
exactitud lo que es sentirse como «dentro de un sándwich». La diferencia está en que tú asumiste ese papel
de buen agrado y con gran éxito. Ningún otro podría haber creado un puente entre Dios y la humanidad. No se
podría haber forjado de ningún otro modo, excepto por
medio de ti. Eres el Mediador perfecto, porque eres Dios,
y aun así te convertiste en hombre.

Completamente humano. Completamente Dios. ¡Y
yo estoy completamente agradecida! Amén.

MI EXTRAORDINARIO GOZO

*Entraré al altar de Dios, al Dios de mi alegría y de
mi gozo; y te alabaré con arpa, oh Dios, Dios mío.*

SALMOS 43.4 RVR1960

Felicidad, qué gran llamado
aunque no el mayor;
porque tú, oh Señor, buscas llevarnos
al gozo de tu amado Hijo.

En tu presencia podemos conocer
tu gozo de una forma plena;
por tanto, aquí estoy completamente inclinada,
y anhelo alcanzar este tesoro.

La situación desesperada no impedirá
tu gozo en lo profundo de mi corazón;
Señor, eres suficiente. Mi todo en todo,
mi gozo, mi fuerza, mi parte.

Mi Hacedor

---∞---

Vengan, adoremos e inclinémonos. Arrodillémonos
delante del Señor, nuestro creador.

SALMOS 95.6 NTV

¡Te damos gloria a ti, Señor! ¡Te rendimos alabanza a ti,
Padre! Eres el gran Rey sobre todos los dioses. ¡Eres Aquel
que pronunció las palabras y generó el mundo! Formaste
el sol, la luna, las estrellas. Hiciste los mares coloridos y
los extensos paisajes. Produjiste la belleza de los árboles
y de la vegetación. En tu infinita creatividad, hiciste una
tremenda variedad de animales. Y hasta me creaste a mí,
integrándome en el vientre de mi madre. ¡Te alabo porque
he sido creada de un modo tremendo y maravilloso! Eres
mi Hacedor, y me inclino ante ti en adoración. Escucho
tu voz. Amén.

Mi fuerza y mi canción

«*Miren, Dios ha venido a salvarme. Confiaré en él y no tendré temor. El Señor Dios es mi fuerza y mi canción; él me ha dado la victoria*».

Isaías 12.2 NTV

Tú eres el poder.
Consumes al enemigo.
Mi fuerza y mi canción.

Eres la melodía.
Diriges cada paso que doy.
Mi fuerza y mi canción.

Confío en ti, Señor Dios,
y no temeré.
Mi fuerza y mi canción.

Un clavo hincado en lugar firme

*Y lo hincaré como clavo en lugar firme; y será
por asiento de honra a la casa de su padre.*

ISAÍAS 22.23 RVR1960

Seguridad. La he buscado en muchas personas y lugares, Señor, y he descubierto que nadie ni nada puede ofrecer certeza y seguridad como tú. En ti hay un sentido de fijación. En ti hay confianza. En ti puedo estar en completo descanso... sabiendo que nada de lo que se interponga en mi camino te tomará por sorpresa. Porque tú tienes un plan y un propósito establecido y fijado con firmeza desde el origen de los tiempos. Y tú tienes el poder de obrar ese plan para tu gloria.

Señor, hoy descanso en ti. Tú eres el clavo hincado en lugar firme, y estoy segura de tu amor por mí por esos clavos que te traspasaron a ti en mi lugar. Amén.

Perfume derramado

———— ∞ ————

*¡Qué fragante es tu perfume! Tu nombre es
como la fragancia que se esparce.*

Cantares 1.3 ntv

La virtud de Dios se derrama.
El carácter de mi Señor es profundo.
Tú eres aquel a quien yo amo.

ROCA

———— ∞∞∞ ————

«Aparte de ti, no hay nadie;
no hay Roca como nuestro Dios».

1 SAMUEL 2.2 NTV

La oración de alabanza de Ana cuando trajo a su hijo Samuel a Elí el sacerdote:

«¡Mi corazón se alegra en el Señor! El Señor me ha fortalecido. Ahora tengo una respuesta para mis enemigos; me alegro porque tú me rescataste. ¡Nadie es santo como el Señor! Aparte de ti, no hay nadie; no hay Roca como nuestro Dios... Él levanta al pobre del polvo y al necesitado del basurero. Los pone entre los príncipes y los coloca en los asientos de honor. Pues toda la tierra pertenece al Señor, y él puso en orden el mundo. Él protegerá a sus fieles, pero los perversos desaparecerán en la oscuridad. Nadie tendrá éxito solamente por la fuerza».

(1 Samuel 2.1-2, 8-9 NTV)

ROCA DE MI SALVACIÓN

❦

«¡El Señor vive! ¡Alabada sea mi roca!
¡Exaltado sea Dios mi Salvador!»

2 SAMUEL 22.47 NVI

Padre Dios, vivo admirando tu plan para mí. Me salvaste de la muerte mediante el sacrificio de tu Hijo, y puedo permanecer en esa promesa de salvación. ¡Eres la roca sobre la que están construidas todas tus maravillosas promesas! Existen muchas arenas movedizas con las que tengo que tratar a diario, pero tú permaneces firme y fiel. El deseo de mi corazón es ser digna de confianza, ser más roca y menos arena. Ser más como tú, y mostrar a los demás el destello de tu grandeza. Tú no cambias. Tu valor no disminuye. Tu amor por mí no varía. Tu gracia nunca se acaba. Tu compasión abunda. Tu carácter es verdad. Eres Dios, y te exalto. Amén.

SALVADOR

*«Que os ha nacido hoy, en la ciudad de David,
un Salvador, que es CRISTO el Señor».*

LUCAS 2.11 RVR1960

Nació en un establo.
¡Nació tan pequeño!
Nació con amor
para cubrirlo todo.
Nació con un inestimable
regalo que ofrecer.
Nació para darme
esperanza para vivir.

Te adoro,
Jesús mi Salvador.
No existe nadie a quien
se le deba más alabanza.
Me diste tu vida;
ahora yo te doy la mía.
Jesús, mi Salvador,
mi corazón es tuyo.

Hijo del hombre

―――― ∞ ――――

*«Escuchen», les dijo, «subimos a Jerusalén, donde el
Hijo del Hombre será traicionado y entregado a los
principales sacerdotes y a los maestros de la ley religiosa.
Lo condenarán a muerte y lo entregarán a los romanos».*

MARCOS 10.33 NTV

Dios eterno,
que voluntariamente te revestiste de nuestra piel.
Caminaste como hombre,
como solo tú podías.
Sin embargo, viviste sin pecado.

Salvador sufriente,
al someterte al camino de Dios,
lo entregaste todo
y asumiste la culpa,
exorbitante precio a pagar.

Jesucristo, Mesías,
Señor de señores y Rey de reyes,
alabo tu nombre,
elevo tu cántico,
¡Lo eres todo para mí!

Señor Soberano (Adonai Jehová)

〜〜〜

Abram le respondió: «Oh Señor Soberano, ¿de qué sirven todas tus bendiciones si ni siquiera tengo un hijo? Ya que tú no me has dado hijos, Eliezer de Damasco».

Génesis 15.2 NTV

Señor, Abraham inclinó sus rodillas ante ti, y te llamó Señor y Maestro, aunque no podía imaginar un plan fuera de lo tangible. Confió en ti, el Señor Soberano que todo lo sabe, porque tú habías demostrado ser fiel, poderoso y grande.

Señor, en mi vida también has manifestado tu fidelidad, tu poder y tu grandeza. Te alabo porque tomas lo invisible, lo desconocido y lo insondable, ¡y lo haces funcionar para tu gloria! Doblo mis rodillas ante ti, Oh Dios Soberano, y someto mi voluntad a ti. Porque tus pensamientos son más altos que los míos, y tus caminos más altos que los míos. Amén.

Señor fuerte y poderoso

¿Quién es el Rey de gloria? El Señor, fuerte y poderoso; el Señor, invencible en batalla.

Salmos 24.8 ntv

Dios poderoso, el enemigo está activo y merodea. Me canso de su astuta forma de actuar y, a menudo, me siento en desventaja. Pero entonces me acuerdo de ti.

¡Eres el Señor, fuerte y poderoso!

¡Eres el Señor, invencible en la batalla!

¡Ya has derrotado a Satanás por medio de la resurrección de Cristo!

Por tanto, independientemente de lo que Satanás me lance hoy, recordaré que *tú eres más grande.* Es posible que me arroje insultos, mentiras, distracción, engaño o desánimo. Puede intentar minar mi paz, mi gozo o mi esperanza. Me puede lanzar duda y temor. Pero Señor, yo confío en *ti.* Confío en tu *Palabra.* Confío en que tú eres Rey, ¡y ningún arma forjada contra mí podrá prosperar! Oh Dios, cuán alentador y cuánta fuerza me da saber que estoy en el lado vencedor, y que tú estás peleando mis batallas. ¿Quién es el Rey de gloria? ¡El Señor, fuerte y poderoso! Amén.

Un fundamento sólido

―――― ∞∞∞ ――――

*Por eso, así dice el Señor Dios: «Voy a poner una piedra en
Sión, una piedra resistente, una valiosa piedra angular,
firme, que sirva de base; el que crea no se tambaleará».*

ISAÍAS 28.16 BLP

No se tambaleará. Tristemente, esta no es una palabra que
nos describa a menudo. Y tú sabes por qué, Señor; con
frecuencia somos débiles y tendemos a vacilar. Pero tu
Palabra indica que eres sólido, inquebrantable, ¡un fundamento sólido! Nunca vacilas. Nunca fallas. Eres seguro,
una piedra angular para mi fe.

Cuando las naciones se levantan y caen, tú sigues
adelante.

Cuando las relaciones vienen y van, tú persistes.

Cuando los trabajos y las finanzas se derrumban, tú
permaneces.

Inconmovible. Esta palabra siempre te describirá. Y
porque tú eres inconmovible, yo también puedo serlo.

¡Te alabo, fundamento sólido mío! Amén.

LA LUZ VERDADERA

———— ∞∞∞ ————

Aquel que es la luz verdadera, quien da
luz a todos, venía al mundo.

JUAN 1.9 NTV

La luz verdadera, en oposición a las luces falsas. Señor, se diría que Satanás está ocupado enviando luces falsas a nuestro mundo: falsas religiones, falsos maestros, falsas ideologías. Pero las luces falsas no son más que eso, falsas. Son defectuosas, ficticias, inventadas. Atraen a las personas y, de forma inevitable, las decepcionan. Pero tú, Jesús, eres la luz verdadera, pura, correcta, ¡verificable! Disipas la oscuridad y abres los ojos cegados. Y eres inclusivo, das luz a todo el mundo.

¡Señor Jesús, te alabo por brillar en nuestro mundo oscuro! Amén.

LA VERDAD

Jesús le dijo: «Yo soy... la verdad».
JUAN 14.6 RVR1960

Pilato: ¿Qué es la verdad?
Jesús: Yo soy la verdad.
Y la verdad os hará libres.

Pecador: ¿Qué es verdad?
Jesús: La Palabra de Dios es verdad.
Y la verdad os hará libres.

«En el principio era el Verbo, y el Verbo era con Dios, y el Verbo era Dios... Y aquel Verbo fue hecho carne, y habitó entre nosotros (y vimos su gloria, gloria como del unigénito del Padre), lleno de gracia y de verdad» (Juan 1.1, 14 RVR1960). Amén.

INMUTABLE

＊＊＊

«Porque yo Jehová no cambio».

MALAQUÍAS 3.6 RVR1960

Constante. Invariable. Firme. Estable. Inmutable.
    ¡Ese eres tú, Señor!
Digno de confianza. Fiel. Cumplidor. Fiable.
    Infalible. ¡Por eso puedo apoyarme en ti!
Eres el mismo ayer, hoy y siempre.
    (Hebreos 13.8)
Dios innegable, ¡eres digno de adoración!
Salvador inmutable, ¡no hay nadie como tú!
Amén.

GUERRERO

El Señor es un guerrero; ¡Yahveh es su nombre!
ÉXODO 15.3 NTV

Soy competitiva, me gusta ganar,
derrotar a los enemigos fuera, dentro;
pero mi enemigo no parece menguar;
lanza balas y atina.

Herida por la enfurecida batalla,
corro hacia Dios que nunca se inquieta;
porque en el lado del Dios Guerrero
no hay probabilidades en contra.

Sí, él es mi fuerza, mi torre fuerte,
y es poder en mi debilidad.
Oh Señor, nuestro Guerrero, Salvador, Amigo,
¡tú aseguras nuestra victoria! ¡Amén!

ADMIRABLE

Porque un niño nos es nacido, hijo nos es dado…
y se llamará su nombre Admirable.

ISAÍAS 9.6 RVR1960

Un regalo que se nos ha entregado,
e inspira en nosotros admiración.
Tú eres Admirable.

Jesús,
Haz que no perdamos nunca nuestra admiración.
Amén.

EL VERBO

❦

En el principio era el Verbo, y el Verbo era
con Dios, y el Verbo era Dios.

JUAN 1.1 RVR1960

Señor, me siento bastante unidimensional, incluso un poco superficial, y por ello busco entendimiento.

Leo que tú ya existías en el principio, y se te llama el Verbo (Juan 1.1-2).

Leo que el Verbo se hizo carne, que habitó entre nosotros (Juan 1.14), y que se le llamó Jesús.

Leo que, a Jesús, quien viste una túnica bañada en sangre, se le llama por un cierto nombre: el Verbo de Dios (Apocalipsis 19.13).

Has afirmado que tu Palabra es viva y eficaz (Hebreos 4.12), que la Escritura es inspirada por Dios (2 Timoteo 3.16), y que la Palabra nos da vida (Santiago 1.18).

Incluso con mi mente unidimensional y superficial, creo que me estás mostrando que no puedo separarte a ti de Jesús ni a Él de tu Palabra.

¡Así que exalto al Verbo, a Jesucristo, a las Escrituras y, sobre todo lo demás, a ti! Amén.

Jehová, justicia nuestra
(Jehová Tsidquenú)

«En sus días será salvo Judá, e Israel habitará confiado; y este será su nombre con el cual le llamarán: Jehová, justicia nuestra».

Jeremías 23.6 RVR1960

¡Oh, qué sucios harapos visto! No tengo derecho a estar en tu presencia. Sin embargo, Señor, cuando tú me miras no ves el pecado que me condena a vivir separada de ti. Más bien, ves el glorioso vestido de justicia que me has dado como regalo de tu Hijo. El gran intercambio que tuvo lugar en la cruz del Calvario ¡me sacó del dominio de la oscuridad hacia el reino de luz!

¡Tú eres mi justicia! Sin ti estoy perdida.

¡Tú eres mi restaurador! Lejos de ti estoy quebrantada.

¡Alabo a Jesús por la relación correcta que tengo contigo!

Amén.

CONFESIÓN

... porque todos erramos el blanco

*Por cuanto todos pecaron, y están
destituidos de la gloria de Dios.*

Romanos 3.23 rvr1960

Abba

Y por cuanto sois hijos, Dios envió a vuestros corazones
el Espíritu de su Hijo, el cual clama: ¡Abba, Padre!

GÁLATAS 4.6 RVR1960

Amado Señor, hace poco leí un cartel que decía: «No quiero hacerme adulto hoy. He acabado de ser adulto». Aunque me hizo reír, también me hizo pensar. Algunos días estoy cansada de ser la adulta, y ansío los días sin preocupaciones de la infancia, esos días en que no tenía que pensar en la provisión, en la protección ni en la seguridad. Sin embargo, uno de Tus nombres levanta el exceso de la carga que llevo. Ese nombre es Abba. ¡Padre!

Oh, Papá celestial, gracias por prometer que cuidarás de mí. Perdóname por no confiar en ti en estos detalles. Preocuparme no servirá de nada; ¡en realidad es un pecado que me impide adorarte! Así que hoy, me subiré a tu regazo, sentiré la calidez de tu abrazo y renunciaré a mi falso sentido del control. Descanso en ti, Abba. Confío en ti, Papá. Te adoro, Padre. Amén.

Abogado

Hijitos míos, estas cosas os escribo para que no
pequéis; y si alguno hubiere pecado, abogado tenemos
para con el Padre, a Jesucristo el justo.

1 Juan 2.1 rvr1960

Señor, he fallado. He tropezado, he pecado, y he enturbia-
do tu reputación. Nada en mí es digno de ti... de tu amor.
Aun así, has tenido a bien concederme un Abogado en
Jesucristo. No estoy muy segura de cómo lo hace Él, pero
de algún modo tú le escuchas y confías en él, ves su justicia y no mis trapos sucios. Las cosas son por completo al
revés, Señor. No merezco este regalo de Jesucristo. Quizá
sea por esto que tu gracia se califica de asombrosa. Así que
te doy las gracias. Amén.

Todo y en todos

*En esta vida nueva no importa si uno es judío o gentil, si está
o no circuncidado, si es inculto, incivilizado, esclavo o libre.
Cristo es lo único que importa, y él vive en todos nosotros.*

Colosenses 3.11 NTV

Padre celestial, es bastante asombroso pensar que de un
hombre hicieras a todas las naciones de la humanidad.
Si los registros lo permitieran ¡podríamos trazar nuestro
árbol genealógico exactamente hasta la misma raíz! La
diversidad de tribus, lenguas, naciones y pueblos es parte
de tu gran creación. Pero, como la mayoría de las cosas,
hemos tomado tu hermosa plantilla y la hemos retorcido
hasta que ha dejado de ser reconocible. Odio, celos, orgullo, deprecio, herramientas que hemos empleado para
desarmar tu diseño. Señor, incluso en la iglesia hemos
creado líneas divisorias aleatorias, y hemos separado a los
de «dentro» y a los que están «afuera».

Y yo soy parte del problema. Padre, perdóname por
rehuir y por avergonzarme.

Permíteme ser tu anfitriona, ya que tú has abierto a
todo el mundo las puertas de la salvación por medio de
Jesucristo, ¡y ofreces, gratuitamente, la aceptación que has
mostrado para conmigo! Porque Cristo es lo único que
importa. ¡Él es nuestro Todo en Todos! Amén.

Aquel que es suficiente (El Shaddai)

Pero él me dijo: «Te basta con mi gracia».

2 Corintios 12.9 nvi

Rendida. Señor, este es mi objetivo.

Se diría que rendirte mi vida por completo debería ser un objetivo fácil, porque tú eres un Dios bueno y misericordioso. Diste lo mejor que tenías para ofrecer —a tu único Hijo—, para cubrir mis pecados. Provees en cada necesidad, y das con mayor abundancia de lo que yo podría pedir o pensar. Proporcionas guía, consejo y sabiduría. Proteges. Me amas con un amor eterno, algo que has demostrado una y otra vez. Eres fiel. En esencia, eres todo lo que necesito, ¡Aquel que es suficiente, mi Señor!

Por tanto, ¿por qué me cuesta tanto rendírtelo todo a ti? ¿Cómo puedo cantar «entrego todo» cuando estoy reteniendo partes de mi corazón y me aferro a una autoproclamada seudosupremacía? ¡Señor, perdóname! Esta lucha por el control es real. No hay duda de que nos indicas que tomemos nuestra cruz *cada día*, porque *cada día* hay una muerte propia, una rendición *diaria* del control, una renovación *diaria* del compromiso.

Por lo tanto, hoy me rindo de nuevo.

Arquitecto y constructor

Porque esperaba la ciudad que tiene fundamentos,
cuyo arquitecto y constructor es Dios.

Hebreos 11.10 RVR1960

Señor, tú eres un diseñador magistral. Esa verdad se confirma cuando miro el mundo que me rodea; veo diseño, ¡*existe* un diseñador! Y tú, el arquitecto y constructor de ese diseño, tienes un punto de vista global que te permite organizar todas las cosas para nuestro bien y para tu gloria.

Pero, Señor, a veces olvido esa verdad. A veces cuestiono el proyecto del maestro. A veces el «yo» toma el control, y solo considero *mi* situación, *mis* sentimientos y *mi* comodidad. Lo siento, Señor.

Padre, permíteme confiar en ti como lo hizo Abraham. Él vio las promesas desde lejos y comprendió el mayor y mejor diseño. Te ruego que sigas obrando en mí, cambiando mi atención de lo temporal a lo eterno y mi enfoque del «yo» al Salvador.

Eres el maestro arquitecto; construye en mí aquello que desees. Amén.

Estandarte para los pueblos

En aquel día se alzará la raíz de Isaí como estandarte de los pueblos; hacia él correrán las naciones, y glorioso será el lugar donde repose.

Isaías 11.10 NVI

Señor Jesús, leo tu Palabra y veo que cuando eres exaltado el pueblo te busca. Y después de leer esto, estoy convencida de que no he hecho lo mejor que podía para exaltarte. Te he distorsionado, no he sido capaz de revelar tu belleza y tu santidad, he retenido el amor y la misericordia hacia aquellos que te necesitan con urgencia.

Señor, te pido que me perdones. Te pido que nos perdones a todos los que somos tus representantes. No permitas que te representemos de una forma errónea. Oro para que Jesús, el estandarte, sea reflejado a través de unas vidas de gracia y de verdad, y que esto empiece por mí.

Haz que te exalte a ti, Jesús, Estandarte de los pueblos, para que el mundo pueda venir a ti y ser salvo. Amén.

El renuevo

œœœ

«Escucha pues, ahora, Josué sumo sacerdote, tú y tus amigos que se sientan delante de ti, porque son varones simbólicos. He aquí, yo traigo a mi siervo el Renuevo».

ZACARÍAS 3.8 RVR1960

Comienzos humildes. Así es como tú obras. Y en un mundo que magnifica el «yo», desafía por completo las expectativas. Aunque eres el Dios todopoderoso, te sometiste al Padre. Aunque eres independientemente capaz, te uniste a él. Hasta tu nombre, el Renuevo, sugiere fuerza controlada, una hermosa mansedumbre.

Tú estableciste mi ejemplo a seguir, Jesús, y mostraste lo que es permanecer en la vid. Mi oración es que yo pueda depender de ti como tú lo hiciste con el Padre. Sin embargo, debo confesar que la permanencia no se produce de forma sistemática. En ocasiones me despego, voy por libre. Pero gracias a tu Espíritu que habita en mí reconozco que esos esfuerzos son inútiles, y recuerdo que separada de ti nada puedo hacer (Juan 15.5).

Señor, quiero permanecer en ti. Señor, quiero ser como tú. Señor, permíteme comenzar como tú, con humildad. Amén.

SEÑALADO ENTRE DIEZ MIL

Mi amado es blanco y rubio, señalado entre diez mil.

CANTARES 5.10 RVR1960

Diez mil. Es más o menos el número de cosas en mi lista de quehaceres para hoy, ¡y de cada día! Pero ¿acaso puedo afirmar que, de todas esas cosas de mi lista, tú eres la mayor prioridad? ¿En la teoría? Sí. ¿En la práctica? Si soy sincera... la respuesta debería ser no.

Señor, permito que tantas personas y tantas cosas te desplacen. Es hora de confesar, el ajetreo se ha convertido en mi dios. Lo alzo y lo considero para que todo el mundo lo vea. Pero lo más patético de todo es que ¡espero que todos me admiren por hacerlo! ¡Qué retorcido es esto, Señor!

¡Oh, perdóname por poner a otros dioses antes que a ti! Perdóname por no darte el honor, la alabanza y la posición que mereces. Pues eres el Dios de los dioses, Rey de reyes, Señor de señores. ¡Eres señalado entre diez mil!

Señor, la lista de tareas no se desvanecerá, y el ajetreo seguirá siendo parte de mi día. Pero mi oración es que tú tomes el primer lugar en los minutos y en las horas que tengo por delante. Y si mis prioridades se desequilibran, permite que tu Espíritu Santo me estimule para poder reorganizarme. Eres mi mayor prioridad. Te amo. Amén.

CRISTO JESÚS

La siguiente declaración es digna de confianza, y todos deberían aceptarla: «Cristo Jesús vino al mundo para salvar a los pecadores», de los cuales yo soy el peor de todos.

1 TIMOTEO 1.15 NTV

«Yo soy el peor de todos».

Señor, el apóstol Pablo afirmó esto sobre sí mismo, ¡y no creo que sea acertado! Él es el escritor de la mayor parte de nuestra doctrina. Probablemente esté entre los diez guías favoritos de todos los tiempos del pueblo de Cristo. Pero también es el mismo que escribió: «No hago lo que quiero, sino lo que aborrezco» (Romanos 7.15 NVI), y «Todos han pecado y están privados de la gloria de Dios» (Romanos 3.23 NVI). El pecado es un problema para todos nosotros; es evidente que, si somos sinceros, todos podríamos escribir las mismas palabras que Pablo: «Yo soy el peor». Sin embargo, la verdadera cuestión es que este pecado rompió nuestra relación contigo, Señor.

¡Pero alabado sea Jesucristo, que vino a este mundo a salvar a los pecadores y restaurar esa relación! Jesús, me postro ante tu presencia, y derramo mi alma en gratitud a ti. Gracias por salvarme a mí, la peor pecadora de todas. Amén.

El escogido de Dios

─────── ∞∞∞ ───────

Y el pueblo estaba mirando; y aun los gobernantes se
burlaban de él, diciendo: A otros salvó; sálvese a sí
mismo, si éste es el Cristo, el escogido de Dios.

LUCAS 23.35 RVR1960

Jesús, tú eres el escogido de Dios. Él te eligió. Te escogió porque eras el único que podía cumplir sus requisitos; perfecto, inocente, sin pecado. Eras el único capaz de entregar tu vida y volverla a recuperar de nuevo. Eras el único que amó al mundo de una forma tan completa que diste todo, *todo,* para ofrecer a los desesperados una esperanza que nunca decepcionaría.

Si Dios, el Creador y Hacedor del universo, el único con sabiduría y conocimiento supremos, te escogió, ¿por qué consideraría elegir a alguien o algo por encima de ti? Aun así, yo lo hago. A veces he escogido a mi familia por encima de ti... mi comodidad por encima de ti... mi carrera, mis sueños y deseos por encima de ti. ¡Perdóname Señor! Hoy te escojo a ti, y si otras personas o cosas intentan usurpar tu posición legítima, haz que recuerde tu nombre, ¡el Escogido de Dios! Amén.

COMANDANTE

∞∞∞

«He aquí que yo lo di por testigo a los pueblos,
por jefe y por maestro a las naciones».

ISAÍAS 55.4 RVR1960

Señor, vivimos en un tiempo en el que todo el mundo hace lo que ellos mismos consideran correcto. El relativismo moral penetra en cada faceta de la sociedad, igual que ocurría en la era de los jueces bíblicos. Contemplamos a toda una generación que crece sin conocerte y sin saber lo que has hecho. Estamos perdiendo nuestra capacidad de reconocer tu derecho a gobernar.

¡Vuélvenos a ti! Eres un líder y un Comandante que merece respeto y obediencia. Eres el Dios todopoderoso, omnisciente y omnipotente, que has dado a tu Hijo para que podamos tener vida, y estamos desperdiciando ese regalo. ¡Señor, haz que nos humillemos y que busquemos tu rostro! Empieza por mí, te lo ruego. Amén.

CREADOR DE TODAS LAS COSAS

***

Porque en él fueron creadas todas las cosas.
COLOSENSES 1.16 RVR1960

Señor, tú eres el Creador de los cielos y la tierra, de todas las cosas visibles e invisibles. La magnitud de esta verdad se me escapa, pero cuando por fin me tomo un momento para reflexionar en tu enormidad y en tu infinito poder, me acuerdo de mi pequeñez.

Cuando contemplo tus cielos, obra de tus dedos, la luna y las estrellas que allí fijaste, me pregunto: «¿Qué es el hombre, para que en él pienses? ¿Qué es el ser humano, para que lo tomes en cuenta?» (Salmos 8.3-4 NVI).

Padre, con el salmista pregunto: ¿Por qué me prestas atención? Me enaltezco y destrozo a los demás. Busco mi propia gloria, usurpo lo que por derecho te pertenece a ti. Me centro en mi reino y descuido el tuyo. Incluso en la oración, la elección de pronombres se centra en mí.

Orgullo.

Vanidad.

Ambición egoísta.

¡Oh Padre, perdóname por no reflejar la gloria que *tú* mereces!

¡Oh Señor, cuán majestuoso eres *tú* en toda la tierra! Amén.

EXCELENTE

Alaben el nombre del Señor, porque solo su nombre es excelso;
su esplendor está por encima de la tierra y de los cielos.

SALMOS 148.13 NVI

Señor, oigo cómo muchos toman tu nombre en vano, y lo utilizan de formas degradantes y vulgares. ¡Me enfurece! Pero entonces pienso en que no te brindo la honra que tú mereces, y me doy cuenta de que estoy arrojando piedras sobre mi propio tejado. Tú eres alto y exaltado. Tú eres fuerte y poderoso. Tú eres el Creador, Aquel que hizo nuestra boca para que pudiéramos hablar y, sin embargo, nosotros los creados utilizamos esa misma boca para ridiculizarte a ti y a tu creación.

Padre, perdónanos. Hemos perdido de vista nuestra posición. Hemos descuidado el reconocer el lugar adecuado y alabar tu gobierno. Y es que tu nombre es Excelso, y tú eres exaltado en majestad sobre toda la tierra y los cielos.

Señor, deseo honrarte con mis labios.

Señor, anhelo valorarte con mis pensamientos.

Señor, mi oración es que las palabras de mi boca y las meditaciones de mi corazón sean aceptables a tus ojos. Amén.

FIEL Y VERDADERO

━━━━━━━ ∞∞∞ ━━━━━━━

Entonces vi el cielo abierto, y había allí un caballo
blanco. Su jinete se llamaba Fiel y Verdadero.

APOCALIPSIS 19.11 NTV

Señor, cuando considero en retrospectiva los días, los
años y las décadas de mi vida, emerge una verdad. Tú no
has cambiado. He pasado por todos los estados —física,
emocional y espiritualmente—, pero tú has permanecido
constante. Has estado ahí para perdonarme cada vez que
lo he estropeado todo. Tus brazos han estado abiertos de
par en par cuando he corrido hacia ti. Cuando he clamado
a ti, tú me has respondido.

Señor, conforme he experimentado el proceso de la
vida, me avergüenza pensar en cuántas veces te he dado
por sentado, lo a menudo que he olvidado tu naturaleza.
Perdóname. Abundan las pruebas sobre tu carácter, y yo
estoy ciega y soy olvidadiza.

Señor, te pido que al avanzar en mi vida tú hagas que
las escamas de mis ojos se caigan y agudices mi memoria. Haz que mi nueva visión y el vibrante recuerdo me
impulsen a caminar confiadamente en tu plan, porque tú
eres el Dios Fiel y Verdadero. Amén.

FORTALEZA

*Jehová, roca mía y castillo mío, y mi libertador;
Dios mío, fortaleza mía, en él confiaré; mi escudo,
y la fuerza de mi salvación, mi alto refugio.*

SALMOS 18.2 RVR1960

Padre, confieso que estoy asustada. El terror anda desenfrenado en nuestro mundo y en nuestra nación. Desde las ondas de radio y en los pasillos se vomita un lenguaje de hostilidad. Las tensiones son altas y las personas y las personas se destrozan. Las vidas se acortan y el miedo se cierne como una amenaza.

Cúbreme, Señor. Sé tú mi refugio y mi fortaleza. Líbrame Señor y pon a tu ángel alrededor de mí, porque tu Palabra declara que «El ángel del Señor acampa en torno a los que le temen; a su lado está para librarlos» (Salmos 34.7 NVI).

Esta es la respuesta, ¿no es así, Señor? Cuando he orado tu Palabra, tú me has señalado el problema: mi temor estaba fuera de lugar. Cuando te he buscado, tú me has revelado la solución: cambia el temor, hazme pasar de temer al hombre a reverenciarte a ti.

Gracias por usar tu Palabra para fortalecer mis defensas. ¡Gracias por ser mi Fortaleza! Amén.

Un trono glorioso para la casa de su padre

Será trono de gloria para la casa paterna.

Isaías 22.23 BLP

Señor, tu Palabra declara que podemos acercarnos con valentía al trono de la gracia para poder obtener misericordia, y hallar gracia en nuestro tiempo de necesidad. Pues bien; yo estoy necesitada. Tengo problemas con mi capacidad de extender gracia. En nuestro mundo hay tantas personas en contra de tu pueblo. Ridiculizan tus normas y se burlan de tu soberanía. ¡Señor, esto me enoja! En lugar de orar por mis enemigos, descubro que deseo verlos encerrados y apartados.

Por tanto, vengo ante tu trono, Jesús —el lugar en el que me concedes favor inmerecido—, yo que antes estaba lejos; una extraña, una hija de ira; muerta en mis transgresiones y pecados. Te pido que me empoderes, a mí que soy tu nueva creación, para que yo sea un canal de esa misma gracia. Mi oración es que tu misericordia fluya hacia aquellos que son insólitos, a quienes no la merecen, porque por gracia he sido salva. Amén.

DIOS (ELOJÍM)

        ∞

Crea en mí, oh Dios, un corazón limpio y
renueva un espíritu fiel dentro de mí.

SALMOS 51.10 NTV

Salmo de David que alude al momento en que el profeta
Natán vino a verle después de que él hubiera cometido
adulterio con Betsabé.

Ten misericordia de mí, oh Dios,
debido a tu amor inagotable;
a causa de tu gran compasión,
borra la mancha de mis pecados.
Lávame de la culpa hasta que quede limpio
y purifícame de mis pecados.
Pues reconozco mis rebeliones;
día y noche me persiguen.
Contra ti y solo contra ti he pecado;
he hecho lo que es malo ante tus ojos.
Quedará demostrado que tienes razón lo que dices
y que tu juicio contra mí es justo.
(Salmos 51.1-4 NTV)

Guía

Con tu amor inagotable guías al pueblo que redimiste.
Con tu poder los guías a tu hogar sagrado.

ÉXODO 15.13NTV

Esperaré en el Señor
y él será mi guía.
Confiaré en el Señor
y él será mi fuerza.
En mi juventud aguardé expectante.
En mi «sabiduría» me precipito y paso de largo.
Cuando era joven, mi vida estaba en sus manos.
A medida que el tiempo avanza, me olvido,
y confío en mis propias manos defectuosas.
Esperaré en el Señor
y él será mi guía.
Confiaré en el Señor
y él será mi fuerza.

El Sanador (Jehová-Rafá)

―∞∞∞―

Sáname, Señor, y seré sanado; sálvame y seré
salvado, porque tú eres mi alabanza.

Jeremías 17.14 NVI

Señor, qué consuelo saber que tú eres mi bálsamo... ¡Mi Sanador! Estoy tan agradecida de que te pareciera conveniente sanarme de mi enfermedad de pecado a nivel eterno. Aunque es más de lo que merezco tú sigues dando, pues también sanas y traes alivio a nivel temporal. Señor, mi pecado causó la ruptura en nuestra relación. Ayúdame a no olvidar que el pecado también puede causar otros problemas, por lo que cuanto antes corra hacia ti, antes podrás sacar a flote la enfermedad y sanarla.

Y, Señor, cuando experimente tu restauración en mi vida —emocional, física y espiritualmente—, permíteme ser rápida para declarar tu nombre y que recuerde siempre tu bondad. Porque por tus llagas fui sanada. Amén.

El Santo de Israel (Cadósh Israél)

∞

Así dice el Señor, el Redentor y Santo de Israel, al despreciado y aborrecido por las naciones, al siervo de los gobernantes: «Los reyes te verán y se pondrán de pie, los príncipes te verán y se inclinarán, por causa del Señor, el Santo de Israel, que es fiel y te ha escogido».

Isaías 49.7 nvi

Isaías te vio a ti, Señor, en tu gloria. Oyó clamar a los serafines: «¡Santo, santo, santo es el Señor de los Ejércitos!» (Isaías 6.3 ntv). Él no había reconocido tu santidad hasta ese punto, pero cuando sí lo hizo, su indignidad saltó a la vista.

Señor, no he sido consciente de tu santidad. Tu gloria, tu pureza, tu poder, tu misterio y tu autoridad resultan difíciles de comprender. Pero sé que te he hecho común en mi vida diaria, a ti que no eres común. He profanado tu nombre en mis pensamientos y en mis palabras; ¡Tú, ante cuyo nombre se doblará toda rodilla y toda lengua confesará que tú eres Señor!

Purifícame, Santo de Israel. Límpiame. Hazme santa, porque tú eres el único capaz de hacerlo. Amén.

Esposo

*«Porque el que te hizo es tu esposo; su
nombre es el Señor Todopoderoso».*

ISAÍAS 54.5 NVI

Jesús, amante de nuestras almas, tú eres nuestro Esposo y
la iglesia es tu esposa. Deseas que te seamos fieles, puros,
santos y sin mancha, vestidos de blanco. Pero nos hemos
desviado, y hemos manchado nuestras ropas de justicia.
Nos ha atraído el deseo de ser populares. Nuestra codicia
por la aceptación popular niega tu poder y disminuye tu
gloria. Hemos diluido la verdad acariciando los oídos de
la población, y hemos ofrecido leche en lugar de carne,
desnutriendo tu sacerdocio.

Amado Señor, perdónanos. Límpianos de nuestros
pecados. ¡Lávanos, y seremos más blancos que la nieve! Te
ruego que nos animes a permanecer en tu Palabra cuando
hayamos vuelto a ti nuestros corazones; fortalécenos para
andar en tu camino, y aliéntanos para adorarte en gracia
y en verdad. Te lo pido en el nombre de Jesús, el Señor
Todopoderoso. Amén.

REY

∞

El rey está cautivado por tu hermosura;
él es tu señor: inclínate ante él.

SALMOS 45.11 NVI

¡Vaya! ¡Los celos han empezado a hacerse sentir de un modo feo! Mis palabras eran pura hostilidad, y estoy avergonzada. Señor, ¿por qué no puedo celebrar cuando le ocurren cosas buenas a alguien? ¿Por qué las palabras de estímulo no pueden ser mi norma? ¿Acaso soy tan insegura que, para hacerme valer tengo que derribar a otra persona?

¡Perdóname, Señor! He pecado.

Sin embargo, por tu gran amor y por la obra de Cristo en la cruz, ¡sé que soy perdonada!

Y lo llevas todo un paso más allá fortaleciéndome con palabras de aliento. Tú, mi Rey, ¿te sientes cautivado por mi hermosura? Cuando me miras, no ves el horrible pecado; ¡ves la hermosura de Cristo!

Así pues, permíteme darte honra, Señor, honrando a los demás. Permíteme celebrar con ellos. Permíteme pronunciar palabras de gracia a un mundo desesperado por recibir aprobación. Amén.

El Rey en su hermosura

Tus ojos verán al Rey en su hermosura;
verán la tierra que está lejos.

Isaías 33.17 rvr1960

Jesús, tú declaraste: «Dichosos los de corazón limpio, porque ellos verán a Dios» (Mateo 5.8 nvi). A veces te busco, pero no te veo. ¿Es por el pecado? ¿Acaso estoy albergando amargura? ¿Falta de perdón? ¿Orgullo? ¿Egoísmo? ¿Codicia? ¿Idolatría? ¿Inmoralidad? A menudo me fijo en «otra persona» y encuentro toda clase de mal en ella, pero paso rápidamente por alto o desestimo aquellos ámbitos de mi propia vida en los que fallo. Se diría que he estado buscando motas en otros cuando había vigas alojadas en mi propia vida.

Perdóname, Señor. Anhelo verte. Límpiame. Purifícame. Tú prometes que cuando yo confieso mis pecados, tú eres fiel y justo para perdonarme de toda injusticia (1 Juan 1.9). Gracias por tu fidelidad, incluso cuando yo soy infiel. ¡Gracias por permitirme contemplar de nuevo tu hermosura, mi Rey! Amén.

Rey de reyes

❖

Y todos los que sobrevivieren de las naciones que vinieron contra Jerusalén, subirán de año en año para adorar al Rey, a Jehová de los ejércitos, y a celebrar la fiesta de los tabernáculos.

Zacarías 14.16 RVR1960

Señor, si estoy en presencia de predicadores de gran renombre, quiero estar con ellos, sentarme a sus pies y absorber su conocimiento. Quiero que sepan mi nombre; que me conozcan.

¡Pero he reconocido que he puesto mi adoración en el lugar tremendamente equivocado! ¡Qué extraño que mi deseo sea ser conocida por hombres defectuosos! ¡Qué locura que rinda homenaje y nobles cumplidos a simples hombres, y me olvide de exaltarte a ti, el Rey de reyes y Señor de señores! ¡Qué error buscar la sabiduría y el reconocimiento en ellos en lugar de buscarlos en ti!

Oh Rey, perdóname. Tú eres el único a quien debería dar importancia, porque no hay nadie como tú. Amén.

El pan vivo

«*Yo soy el pan vivo que descendió del cielo*».

JUAN 6.51 NTV

Señor, últimamente he estado consumiendo muchos alimentos poco saludables, con la actitud de que tengo derecho a comer lo que quiera, cuando quiera. Sin embargo, ¡mis derechos parecen ser contraproducentes! Me siento aletargada, deteriorada y con sobrepeso. Mi comportamiento también ha cambiado y afecta a mi familia, a mis amigos y a mi ministerio. ¡Es un efecto bola de nieve!

¡Ayúdame, Señor! Ayúdame a entender que mi cuerpo es tu templo, y que debería tratarlo como tal. Rindo mis derechos a ti. Someto mis caminos a ti. Te pido que cambies mi hambre y mi sed de lo físico a lo espiritual. Permíteme probar y ver que eres bueno... que tus palabras son más dulces que la miel... que tú, el Pan de Vida, puedes satisfacer y alimentar mi alma como ninguna otra cosa. Deseo llenarme de ti, Señor Jesús. Amén.

Dios, el Señor (Adonai Elojím)

Y volví mi rostro a Dios el Señor, buscándole en
oración y ruego, en ayuno, cilicio y ceniza.

Daniel 9.3 rvr1960

Oración de confesión de Daniel por el pueblo de Israel:

«Ahora, Señor, Dios grande, digno de ser temido, que guardas el pacto y la misericordia con los que te aman y guardan tus mandamientos; hemos pecado, hemos cometido iniquidad, hemos hecho impíamente, y hemos sido rebeldes, y nos hemos apartado de tus mandamientos y de tus ordenanzas. No hemos obedecido a tus siervos los profetas, que en tu nombre hablaron a nuestros reyes, a nuestros príncipes, a nuestros padres y a todo el pueblo de la tierra.

»Tuya es, Señor, la justicia, y nuestra la confusión de rostro… Oh Jehová, nuestra es la confusión de rostro, de nuestros reyes, de nuestros príncipes y de nuestros padres; porque contra ti pecamos. De Jehová nuestro Dios es el tener misericordia y el perdonar, aunque contra él nos hemos rebelado, y no obedecimos a la voz de Jehová nuestro Dios, para andar en sus leyes que él puso delante de nosotros por medio de sus siervos los profetas».

(Daniel 9.4-10 rvr1960)

El Señor está allí (Jehová-Samá)

Y desde ese día, el nombre de la ciudad será: «El Señor está allí».

EZEQUIEL 48.35 NTV

El Señor está allí. Gracias por mostrarme hoy este nombre, Padre, porque es un nombre que me recuerda tu presencia. A menudo intento obrar por mi cuenta... volar sola. A veces pienso que podría estar molestándote con mis pequeños asuntos, así que no busco consuelo en ti respecto a mis planes. Otras veces me creo muy lista, y por tanto no te consulto cuando llevo adelante mis planes. Luego hay ocasiones en las que solo quiero hacer lo que me apetece, así que ni siquiera contemplo tu implicación.

Eso está mal a todos los niveles. Y estoy segura de que también es doloroso.

Sin embargo, tú estás allí. Nunca te has ido. Soy yo quien rehúye tu presencia. De hecho, prometiste que nunca me dejarías ni me abandonarías. Siempre estás allí esperándome.

Señor —tú, el Dios que estás allí—, no quiero hacerte esperar de nuevo. ¡No quiero volar sola! Te necesito a ti, tu dirección, tu consejo, tu presencia. Perdóname por descuidarte. Amén.

MANÁ

Y la casa de Israel lo llamó Maná.
ÉXODO 16.31 RVR1960

Señor, conozco la historia; cómo salían los israelitas cada día a recoger el maná, durante cuarenta años, mientras vagaban por el desierto. Era tu provisión. Era el modo en que tú alimentaste a tu pueblo, y lo mantuviste con vida. Pero ellos solo se consideraron a sí mismos y lo acumularon, haciendo que apestara y se pudriera. Se cansaron de él y protestaron; y se quejaron de ti, y perdieron por completo la maravilla de tu milagroso sustento.

Incluso hoy no has cesado de sustentar a tu pueblo, Señor. Eres nuestro maná. Podemos darnos un banquete contigo, el Verbo de Dios. Sin embargo, confieso que a veces solo pienso en mí misma, y no te comparto con los demás. A veces doy por hecho lo que tú has dado, y mi actitud hacia ti apesta. A veces vengo a tu Palabra y me pierdo el milagro de tu provisión. Me pierdo tu maravilla. Jesús, mi maná diario, permíteme saborear tus palabras, porque ellas sustentan... son vida. Permíteme probar y ver de nuevo que tú eres bueno. Amén.

Misericordioso

«Sed, pues, misericordiosos, como también
vuestro Padre es misericordioso».

Lucas 6.36 rvr1960

Doble rasero:
juzgar mientras se retiene la misericordia,
aun cuando necesitas eso mismo.

Un nuevo mandamiento:
amarse los unos a los otros,
porque yo he sido perdonada.

DIOS PODEROSO

————— ✦✦✦ —————

Pues nos ha nacido un niño, un hijo se nos ha dado;
el gobierno descansará sobre sus hombros, y será
llamado: Consejero Maravilloso, Dios Poderoso.

ISAÍAS 9.6 NTV

Señor, ¿por qué dudo de tu fuerza? ¿Por qué cuestiono tu poder? ¿Por qué tengo miedo y me inquieto cuando amenaza el enemigo? ¡Tú eres el *Dios Poderoso*! Has hecho los cielos y la tierra, y nada es demasiado difícil para ti. Has vencido a los enemigos con tu poderosa diestra. ¡Has derrotado a Satanás por medio de la muerte, de la sepultura y de la resurrección! Y has prometido que soy más que vencedora por tu gran amor.

En ti puedo estar segura de que nada nos separará jamás de tu amor. La muerte no puede ni tampoco la vida. Ni los ángeles ni los demonios. Nuestros miedos de hoy, nuestras preocupaciones respecto al mañana, ni siquiera los poderes del infierno pueden alejar tu amor. Estemos arriba en el cielo o abajo en el océano más profundo, «nada en toda la creación podrá jamás separarnos» del amor de nuestro Dios Poderoso (Romanos 8.38-39 NTV). Amén.

Estrella de la mañana

―⦸―

«Y le daré la estrella de la mañana».
Apocalipsis 2.28 rvr1960

Señor, el mundo es oscuro, porque yace en el regazo del diablo. Y confieso que yo me he acomodado bajo la luz tenue. Mis ojos se han aclimatado. Me he ido acostumbrando a ciertos pecados «aceptables».

Pero tú, Señor, nos has dado la Estrella de la Mañana, la luz de Cristo, para que brillemos en nuestro mundo y expongamos el mal tal como es. Eres el rayo de luz que disipa la oscuridad. Eres un haz radiante que nos acerca a ti.

Estrella de la Mañana, ¡brilla en nuestro mundo! ¡Resplandece en mi vida! Perdóname por acomodarme y sentirme a gusto con el pecado. Haz que tu luz corte como un rayo láser todo lo que haya en mi vida que sea contrario a tu voluntad. Mantén mis ojos fijos en ti. Haz que siempre esté preparada para tu regreso. Amén.

MI IDONEIDAD

*No que seamos competentes por nosotros mismos
para pensar algo como de nosotros mismos, sino
que nuestra competencia proviene de Dios.*

2 CORINTIOS 3.5 RVR1960

Señor, me encuentro al límite de mis capacidades, pero sigo intentando hacer acopio desde mi interior. Como si...

Como si tuviera más que dar.

Como si tuviera algo que decir.

Como si tuviera un recurso sin explotar.

Pero entonces me recuerdas que sí tengo, y esto no es algo relacionado conmigo, sino que todo tiene que ver contigo. ¡Tú eres mi recurso! ¡Tú eres mi fuente de vida! ¡Tú eres mi suficiencia, mi capacidad y mi *idoneidad*! En ti tengo todo lo que necesito, Señor.

Perdóname por intentar obrar por mi cuenta. Debe de herirte mucho cuando ves que intento abrirme camino por mis propios medios cada día, sin conectar contigo, la fuente de la verdadera fuerza. Lo confieso como pecado, y ruego tu perdón. Mi oración es que tú me des las fuerzas para romper este hábito y reemplazarlo por la práctica de buscar tu presencia cada día. Amén.

Mi ayudador

*De manera que podemos decir confiadamente: El Señor es
mi ayudador; no temeré lo que me pueda hacer el hombre.*

Hebreos 13.6 rvr1960

Señor, el miedo es mi enemigo. Acecha y arremete. Trepa
y controla. ¡Y lo he superado! He acabado con su burla
y su tormento. He permitido el temor en mi vida, y he
revelado así mi falta de confianza en ti. Padre, perdóname.
¡Sé que eres mayor que el temor! Tu Palabra declara que
puedo decir *confiadamente* «¡Tú eres mi ayudador!» y el
temor ya no se enseñoreará de mí.

> Por tanto... siendo tú mi Ayudador,
> no debo temer al hombre,
> no debo temer a la enfermedad,
> no debo temer al fracaso,
> no debo temer al futuro.

¡Señor, Ayudador mío, corro a ti y hallo refugio y paz
en quién tú eres! Descanso en ti, sabiendo que nunca me
dejarás ni me abandonarás. ¡Qué impresionante promesa!
¡Qué Dios tan maravilloso! Amén.

Esposo mío

⚭

«En aquel día», afirma el Señor, «ya no me llamarás.
"mi Señor", sino que me dirás: "esposo mío"».

OSEAS 2.16 NVI

Señor, tú eres el amante de mi alma; sin embargo, no te trato de ese modo. A veces me hundo en una lista de comportamientos, de buenas obras, de no debes hacer tal o cual. Cuando actúo así me pierdo la dulce relación que tú deseas, una relación construida en amor y confianza, y que busca el mejor interés del otro.

Perdóname por tratarte como a un capataz. Revive mi amor por ti. Porque soy tu iglesia, tu esposa. Y tú eres mi esposo. Amén.

Mi Porción

¿A quién tengo yo en los cielos sino a ti? Y fuera de ti nada deseo en la tierra. Mi carne y mi corazón desfallecen; mas la roca de mi corazón y mi porción es Dios para siempre.

Salmos 73.25-26 rvr1960

Padre, ¡después de una fantástica comida, siento que voy a reventar! Pero, increíblemente, sé que querré comer de nuevo en unas pocas horas. He aprendido que mis comidas no pueden satisfacer.

Si me compro un auto nuevo, el más bonito que haya tenido, y pienso que nunca querré otro, solo será cuestión de tiempo hasta que comience a mostrar hastío y empiece a buscar entre otros vehículos más recientes. Evidentemente, mi auto no puede satisfacerme.

Podría remodelar mi cocina con nuevos muebles pintados, encimeras a la moda, y electrodomésticos impolutos. Pero imagino que tras unos cuantos años, querré actualizarlos y estos tampoco me satisfarán para siempre.

Sin embargo, tú eres el que *satisface* Señor. Tú llenas, completas, permaneces.

Señor, reconozco que el descontento se ha establecido en mi corazón, y es desagradable. Así que hoy lo confieso, y clamo a ti que eres mi Porción. Señor, tú lo llenas todo y estás en todo. Sé tú hoy mi todo. Amén.

Mi roca

〜◦◦◦〜

Porque tú eres mi roca y mi castillo; por tu
nombre me guiarás y me encaminarás.

Salmos 31.3 rvr1960

Padre, oí hablar acerca de un socavón en un aparcamiento.
¡Cuando vi el tamaño me espanté! Podría haberse traga-
do dos autos con facilidad si se hubiesen encontrado allí
cuando la tierra cedió.

A veces siento como si estuviera a punto de ser tra-
gada también por los plazos, las expectativas, los horarios
y las responsabilidades. Así que apuntalo mis cimientos
esforzándome más y haciendo más, y me doy cuenta de
que la tierra empieza a ceder de nuevo.

Señor, me doy cuenta de que no se me da tan bien
«apuntalar los cimientos» por mi cuenta. Mis sistemas de
apoyo ceden cuando no están construidos sobre ti. Perdóname por intentar manejar la vida por mí misma, con
mis propias fuerzas. Hoy me establezco en ti, Roca mía.
Dirígeme y guíame por causa de tu nombre. Amén.

El único Dios

〜∞〜

El único Dios, nuestro Salvador.

Padre celestial, vivimos en tiempos políticamente correctos. No se puede llamar a las cosas por lo que son realmente, porque se considera ofensivo. En cambio, cada uno se ocupa de sus asuntos y niegan la verdad, celebran la «ropa» del emperador ¡en lugar de reconocer que está desnudo! Lo mismo ocurre con nuestra adoración. Alabamos y exaltamos a nuestros equipos deportivos, nuestros apretados calendarios, el dinero, las carreras, los autos, las casas, la educación, los hijos y hasta los ministerios. Proporcionamos a las cosas una prioridad principal, y las denominamos bendiciones, cuando la realidad es que se han convertido en nuestros ídolos, y han usurpado tu lugar legítimo en nuestras vidas.

Señor, tú eres el único Dios auténtico. Solo tú eres digno de alabanza. Perdónanos por reemplazarte con sustitutos ilegítimos. ¡Conduce nuestros corazones de nuevo a ti para que podamos volver a alinear nuestras prioridades con el Único Dios! Amén.

RESCATE

〰〰〰

«Porque ni aun el Hijo del hombre vino para que le sirvan,
sino para servir y para dar su vida en rescate por muchos».

MARCOS 10.45 NVI

Rescate: redimir del cautiverio o esclavitud pagando el
precio pedido.

> Mi pecado me trajo aquí
> encadenada. Encarcelada. Engrilletada.
> ¿Hay alguna esperanza?
>
> Santidad recibida,
> ¡Justo intercambio!
> La esperanza se llama Jesús.

RESTAURADOR

❧❧❧

*Confortará mi alma; me guiará por sendas
de justicia por amor de su nombre.*

SALMOS 23.3 RVR1960

¡Oh Padre, me siento tan agradecida de que tú seas el Restaurador! Tu nombre está en juego, así que hazme estar alerta de mi pecado cuando hago algo que compromete tu reputación. Condéname por medio de tu Espíritu. Frena mi desvío, y vuelve a guiarme hacia tu camino correcto.

Llévame.

Empújame.

Arrástrame.

Señor, cueste lo que cueste, ¡porque el deseo de mi corazón es exaltar tu nombre! Amén.

Juez justo

*Pero el Señor reina por siempre; para emitir juicio
ha establecido su trono. Juzgará al mundo con
justicia; gobernará a los pueblos con equidad.*

SALMOS 9.7-8 NVI

Señor, ocurren muchas injusticias cada día, y parece que
los malos continúan saliéndose con la suya en el asesina-
to ¡literalmente! Personas que alardean del mal, que se
aprovechan de los «pequeños», apilan riquezas y crecen
en popularidad, mientras que los que siguen las reglas
son pisoteados. A veces me enfado y tengo envidia. Pero
es entonces cuando sé que es hora de mirar a través de
unas lentes de gran angular. ¡Es momento de recordar
quién eres!

Señor, tú eres el Juez justo, fiel y amoroso. «La rec-
titud y la justicia son el cimiento de tu trono; el amor
inagotable y la verdad van como séquito delante de ti»
(Salmos 89.14 NTV). ¡Tú posees esto! No tengo que preocuparme porque las cortes corruptas se salgan con la suya
o que quienes se equivocan nunca sean corregidos. Porque
tu tribunal es justo, y tus caminos son correctos.

Gracias por permitirme estar en tu presencia para
ajustar mi perspectiva y resolver mis preocupaciones. Perdóname por irritarme, y revelar mi falta de confianza en
ti. Tú eres digno de confianza. Eres mayor que mis preocupaciones. Reinas por siempre. ¡Tú eres Dios! Amén.

SALVADOR DEL MUNDO

*Y nosotros hemos visto y testificamos que el Padre
ha enviado al Hijo, el Salvador del mundo.*

1 JUAN 4.14 RVR1960

Salvador del Mundo,
    Pagaste el precio por mi pecado.
    Debería haber sido yo.

SIERVO

Haya, pues, en vosotros este sentir que hubo también en Cristo Jesús… (quien) se despojó a sí mismo, tomando forma de siervo.

FILIPENSES 2.5, 7 RVR1960

Jesús, abandonaste de buen grado la gloria del cielo, y te sometiste a la voluntad del Padre, incluso hasta la muerte. Al actuar así sentaste para nosotros el ejemplo final de lo que es servir, someterse y humillarse. Me llamaste a tener esa misma actitud, y a considerar más a los demás que a mí misma. Pero hoy te he fallado. Quería que se escuchara mi parte. Quería que se hiciera a mi modo. Y *sabía* todo el tiempo que no te estaba obedeciendo. *Sabía* que no estaba sirviendo a mi amigo. E incluso cuando tu espíritu me impulsó a disculparme, no lo hice.

Señor, eso estuvo muy mal; no era lo que tú habrías hecho. Así que quiero disculparme ahora mismo contigo. Siento decepcionarte una y otra vez. Lamento ir en contra de tu voluntad y de tus mandamientos. Mi orgullosa actitud no refleja a Cristo en mí. Te ruego que me perdones.

Señor, sé qué es lo próximo que tengo que hacer: tener una necesaria conversación con la persona a quien he herido. Te pido que tu nombre sea honrado a través de mis palabras y acciones. Te ruego que tú crezcas y que yo mengüe. Amén.

PASTOR (JEHOVÁ-RAÁ)

—◆◆◆—

«Mis ovejas oyen mi voz; yo las conozco y ellas me siguen».

JUAN 10.27 NVI

Amado Padre, ¡mi mente va a un millón de kilómetros por hora! Estoy obsesionada con la planificación, me preocupan los «y si», y me especializo en las insignificancias. La cacofonía del caos ensordece, y me impide oír tu voz.

Señor, estoy avergonzada de haber silenciado tu voz con lo que no es más que mero ruido hueco. Perdóname por rendir homenaje al ídolo de la preocupación. Calma mi mente, Jesús. Calma mi espíritu, amado Pastor. Abre mis oídos para que oiga lo que tú tienes que decir. Es tu voz la que anhelo escuchar, son tus palabras las que deseo comprender.

Tú eres mi Pastor. Yo soy tu oveja. Señor, te seguiré. Amén.

Lluvias que riegan la tierra

Que sea como la lluvia sobre un campo sembrado,
como las lluvias que empapan la tierra.

Salmos 72.6 NVI

Señor, he visto plantas sin regar. Se ven lastimosas, tan lacias y sin vida. Descuidadas durante mucho tiempo, se han secado. Al meditar en esa imagen, es como si me proporcionaras un vislumbre de mi propio estado espiritual. Confieso que he dejado que mi relación contigo se seque. No he buscado alimento en tu Palabra. He olvidado la comunión con tu pueblo. He estado callada en la oración. Esta combinación conduce a un alma agotada, a un alma floja y apagada.

Padre, perdóname por prestar atención a todas las cosas y a todos los demás. Ayúdame a buscarte de nuevo, a buscarte a ti primero. Satura la tierra de mi vida, ¡porque tú, oh Señor, eres como lluvia que riega la tierra! Amén.

DEPURADOR DEL PECADO

—⁂—

Habiendo efectuado la purificación de nuestros pecados,
(Jesús) se sentó a la diestra de la Majestad en las alturas.

HEBREOS 1.3 RVR1960

Señor, me tomo el pecado con demasiada ligereza. Es tan común y tan aceptado que a veces ni siquiera pienso en ello como en algo problemático. La verdad es que un pecado lo convierte a uno en pecador, y cierra la puerta del cielo. Cumplí ese requisito hace años. ¡Pero tú, Jesús, viniste como Depurador del Pecado, limpiaste a la humanidad del pecado y abriste esa puerta para todo aquel que crea en ti como Cristo y se postre ante ti como Señor!

Yo creo... y me inclino ante ti.

Jesús, siento abordar mi día —enredada en mi rutina—, sin dedicar tiempo a hablarles a los demás de esta limpieza. Abriste la puerta del cielo para mí. Mi oración es que pueda buscar oportunidades para compartir hoy esta historia que transforma la vida. Te pido que quienes la escuchen tengan un corazón tierno y que ellos también puedan conocer la gran purificación que solo el Depurador del Pecado puede proporcionar. Amén.

MAESTRO

〜〜〜

*«Pero vosotros no queráis que os llamen Rabí; porque uno es
vuestro Maestro, el Cristo, y todos vosotros sois hermanos».*

MATEO 23.8 RVR1960

Jesús, son demasiadas las voces y las opiniones que flotan
a mi alrededor. Todo el mundo actúa como si tuviese la
autoridad suprema. Y como son tantas las voces, es como
si a veces la tuya quedara sofocada. Escucho las fuertes, las
seguras... las que por lo general resultan ser equivocadas.
Me quedo atrapada en las corrientes y me olvido de la
verdad. Si soy sincera, a veces solo quiero tomar el camino
fácil, el camino ancho. Todo un desvío de la senda recta
y estrecha.

Perdóname por no escucharte. Perdóname por mi
pereza. Perdóname por ser ociosa. La dura verdad es que
la comodidad se ha convertido en mi ídolo. Jesús, te pido
que me ayudes a centrar mi corazón y mi mente en buscarte con diligencia. Haz que me esfuerce y escuche tu
voz. Que pueda sentarme a tus pies y aprender de ti, pues
tú eres mi Maestro. Tu Espíritu Santo guía y conduce a
toda verdad. Amén.

Hierba fresca

〰️

Será… como la lluvia que hace brotar la hierba de la tierra.

2 Samuel 23.4 rvr1960

Señor, así como la hierba fresca es el alimento perfecto para las ovejas, tú eres el perfecto sustento para mí. Señor, confieso que no me alimento de ti, la Palabra Viva, como necesito. Con demasiada frecuencia olvido tu Palabra… e incluso cuando la leo, no la digiero del modo adecuado ni la aplico a mi vida.

Hoy te pido que eso cambie. No quiero ser una niña espiritual, que vive solo de leche, y sin formación en la palabra de justicia. Es hora de pasar a la comida sólida, de darse un completo festín con la carne de tu Palabra, y ser entrenada mediante la práctica constante para discernir el bien del mal (Hebreos 5.12-14).

Señor, mi Hierba fresca, ¡abre mis ojos para ver las maravillas de tu Palabra! (Salmos 119.18) Amén.

TESTIGO A LOS PUEBLOS

———

«He aquí que yo lo di por testigo a los pueblos,
por jefe y por maestro a las naciones».

ISAÍAS 55.4 RVR1960

Dios Padre, todo lo que respecta a Jesucristo te señala a ti. Él fue tu Testigo. Sus palabras, sus actos, su temperamento, todo habló de ti al mundo. Estaba tan sintonizado contigo que afirmó: «El que me ha visto a mí ha visto al Padre» (Juan 14.9 NVI). Estaba tan unido a ti que dijo: «El Padre y yo somos uno» (Juan 10.30 NVI).

Señor, me has llamado a ser como Jesús.

Me has mandado que permanezca en ti.

Me has cambiado para que deje brillar mi luz.

Confieso que no he sido tu mejor testigo. He ocultado mi luz y obrado con mis propias fuerzas. Perdóname, Señor. Busco estar unida a ti —ser consumida por ti—, porque reconozco que separada de ti nada puedo hacer Amén.

Palabra de Vida

---∞∞∞---

Lo que era desde el principio... tocante al Verbo
de vida... [nosotros] os anunciamos.

1 Juan 1.1-2 rvr1960

Jesús, tú eres el Verbo dador de vida. La necesidad de un mundo perdido es conocerte a ti. El cometido de los creyentes es contar tu maravillosa historia... pintar la imagen... vivir la vida... sembrar la semilla. Sin embargo, en ocasiones mis palabras y mi vida no concuerdan. A veces lo que digo te traiciona.

Jesús, lo lamento.

Te pido que sigas convenciéndome cuando mi boca y tu verdad estén fuera de sincronía. Te ruego que me ayudes a hablar tus palabras y no las mías. Como el salmista, suplico que pongas guarda a mi boca, y guardes la puerta de mis labios (Salmos 141.3). Que seas tú, Oh Verbo de Vida, las palabras de mi vida, de manera que los demás puedan tener vida en ti. Amén.

Yahvé, mi Dios (Jehová-Elojím)

◦◦◦

Caí de rodillas, extendí mis manos hacia el Señor mi Dios.
Esdras 9.5 nvi

Oración de confesión de Esdras, cuando se enteró del pecado de Israel de mezclarse en matrimonio con las naciones paganas:

«Dios mío, confuso y avergonzado estoy para levantar, oh Dios mío, mi rostro a ti, porque nuestras iniquidades se han multiplicado sobre nuestra cabeza, y nuestros delitos han crecido hasta el cielo. Desde los días de nuestros padres hasta este día hemos vivido en gran pecado; y por nuestras iniquidades... hemos sido entregados en manos de los reyes de las tierras, a espada, a cautiverio, a robo, y a vergüenza que cubre nuestro rostro, como hoy día. Y ahora por un breve momento ha habido misericordia de parte de Jehová nuestro Dios, para hacer que nos quedase un remanente libre, y para darnos un lugar seguro en su santuario...

Oh Jehová Dios de Israel, tú eres justo, puesto que hemos quedado un remanente que ha escapado, como en este día. Henos aquí delante de ti en nuestros delitos; porque no es posible estar en tu presencia a causa de esto» (Esdras 9.6-8, 15 rvr1960)

ACCIÓN DE GRACIAS

... porque la gratitud es el antídoto de la queja

Dad gracias en todo, porque esta es la voluntad
de Dios para con vosotros en Cristo Jesús.

1 Tesalonicenses 5.18 RVR1960

Capaz

⸻

Al que puede hacer muchísimo más que todo
lo que podamos imaginarnos o pedir.

Efesios 3.20 nvi

¡Señor, he tenido un asiento en primera fila para observar tu obra! Has orquestado detalles y movido a personas de manera precisa, en el momento y de la forma correctos. Me detuviste cuando quería realizar tareas concretas, por empeñada que estuviera en llevarlas a cabo, y me catapultaste a conversaciones que nunca esperé. Has colocado cada componente con una exactitud meticulosa, y has ocasionado un resultado demasiado calculado como para ser algo fortuito. Y me siento sobrecogida ante ti. ¡Exalto tu santo nombre, pues tú eres Aquel que es capaz de hacer enormemente más de lo que podríamos imaginar o pedir jamás!

¡Gracias por añadir a tu inventario ya extenso de oraciones respondidas!

Gracias por permitirme experimentar tu capacidad. Amén.

EL TODOPODEROSO (EL SHADDAI)

∞

*¿Puedes tú resolver los misterios de Dios? ¿Puedes
descubrir todo acerca del Todopoderoso?*

JOB 11.7 NTV

Dios Todopoderoso, ¡hoy me siento tan agradecida por ti!
Agradecida porque tú no te agobias. Agradecida porque
nada te toma por sorpresa. ¡Agradecida porque tú tienes
esto! Porque yo sí me agobio. A mí esto me sorprende con
la guardia baja. ¡Y *no* lo tengo!

Conocerte como el Dios Todopoderoso, fuerte, que
tiene el control, proporciona gran consuelo y confianza.
Descanso cómodamente en tus fuertes manos. Me siento
confiada al moverme en tu voluntad. Porque nadie puede imaginar tu entendimiento ni descubrir los límites de
tu poder. Tus caminos son más altos que los míos, y tus
pensamientos más profundos que los míos. Qué gran sitio
para hallar seguridad… ¡en ti!

Oh Dios que estás por encima de todos los dioses, ¡tú
eres digno de toda alabanza y acción de gracias! Amén.

Autor de la salvación eterna

∞∞∞

Y habiendo sido perfeccionado, vino a ser autor de
eterna salvación para todos los que le obedecen.

Hebreos 5.9 rvr1960

Señor, sé lo difícil que es elaborar una historia, crear unos cuántos personajes y entrelazar los detalles del diálogo y del argumento, ¡teniendo todo el tiempo la esperanza de llegar a atar los cabos sueltos, en lugar de desgastarme de manera descontrolada! Escribir algo, ya sea ficción, poesía, una oración o una lección, es un reto para mi capacidad de calcular y coordinar elementos. Pero la idea de crear algo a escala *eterna* ¡ni siquiera se calcula!

Que Cristo fuese preparado desde *antes* de la fundación del mundo (1 Pedro 1.20), que le amaras (1 Juan 17.24), que nos eligieses para que fuéramos santos y sin mancha en él (Efesios 1.4), y que prepararas un reino para que fuéramos coherederos con él (Mateo 25.34), ¡muestra que operas en un reino sin igual! Escribiste los detalles de nuestra salvación antes de pronunciar siquiera las palabras: «Hágase la luz». Como resultado, ahora yo camino en la luz.

Oh gran Autor de la Salvación Eterna, ¡gracias por hacerme formar parte de tu historia e incluir mi nombre en el libro de la vida del Cordero! Fin. (¡Amén!)

EL BÁLSAMO DE GALAAD

❦

¿No queda bálsamo en Galaad?
JEREMÍAS 8.22 NVI

Padre, estoy herida. Estoy dolida. A veces el dolor es tan profundo que me pregunto por qué lo has permitido o por qué no lo disipas. Pero entonces recuerdo que tú eres el Bálsamo. Eres Aquel que consuela y calma, quien me toma en sus brazos eternos y alivias el dolor de mi corazón. Cuando Job experimentó tanto sufrimiento, al parecer sin sentido, pronunció palabras que ahora resuenan dentro de mí: «Hasta ahora solo había oído de ti, pero ahora te he visto con mis propios ojos» (Job 42.5 NTV).

Señor, a causa de mi dolor te veo.

Señor, a causa de esta herida, conozco tu consuelo.

Gracias, dulce Bálsamo de Galaad.

Amén.

EL PRINCIPIO

~~~~~~ ∞∞∞ ~~~~~~

Él que es el principio, el primogénito de entre los muertos.

COLOSENSES 1.18 RVR1960

Por ti tengo vida. Estoy intentando asimilar esto.

Tú eres la causa de la vida. «Entonces dijo Dios: Hagamos al hombre a nuestra imagen» (Génesis 1.26 RVR1960).

Tú eres la razón de la vida: «Porque para mí el vivir es Cristo, y el morir es ganancia» (Filipenses 1.21 RVR1960).

Eres el dador de la vida: «Porque de tal manera amó Dios al mundo, que ha dado a su Hijo unigénito» (Juan 3.16 RVR1960).

Inauguraste una vida nueva, porque tú eres el principio, el primogénito de entre los muertos. Te levantaste de entre los muertos, ¡allanaste el camino a la vida! Ahora no habrá final para esta vida eterna que tengo por medio de la fe en ti.

Gracias por hacer que viva. Gracias por ser mi razón de vivir. Y gracias por darme vida eterna. Haz que viva para agradarte. Amén.

PAN DE VIDA

───── ∞∞∞ ─────

*Yo soy el pan de vida —declaró Jesús—. El que
a mí viene nunca pasará hambre, y el que en
mí cree nunca más volverá a tener sed.*

JUAN 6.35 NVI

Alimento, sustento
que desciende de lo alto.
Satisface los anhelos
por medio de tu don de amor.

Pan de Vida, te doy las gracias
por llenar mi alma;
haz que tú seas mi única hambre;
esa es mi meta.

El carpintero

∞∞

«¿No es éste el carpintero?»
MARCOS 6.3 RVR1960

Jesús, qué bueno es conocerte como el Carpintero. Puedo imaginarte trabajando con piezas de madera, cepillándolas, lijándolas y creando hermosos artículos. Tenías la capacidad de contemplar algo lleno de nudos y deforme, ver el potencial que encerraba y, martillo en mano, lo llevabas a buen término.

Jesús, qué bueno es conocerte como mi Carpintero. Me miraste —con todas mis faltas nudosas y mis defectos deformes—, y viste en mí una nueva creación. A través de los clavos en tus manos, hiciste algo hermoso en mi vida.

Jesús, mi carpintero, comenzaste una buena obra en mí, ¡y te doy las gracias porque la completarás en el día de Cristo! Amén.

CONSEJERO

*Porque un niño nos es nacido, hijo nos es
dado… y se llamará… Consejero.*

ISAÍAS 9.6 RVR1960

Oh Dios, ¡me siento frustrada! Los consejeros de hoy presentan sus últimas investigaciones y hallazgos como si fueran revolucionarios. A continuación, basándose en sus conclusiones, proporcionan consejo como si fuera algo novedoso. ¡Lo que me frustra es que sus hallazgos no son tan revolucionarios! ¡Y sus consejos no son tan novedosos! En realidad, he leído sobre estos temas en la Biblia. Eclesiastés me indica que «no hay nada nuevo bajo el sol» (Eclesiastés 1.9 NVI), y que el fin del asunto es «Teme, pues, a Dios y cumple sus mandamientos» (Eclesiastés 12.13 NVI).

Así que continuamente veo que tus mandamientos son suficientes Señor; por medio de ellos das entendimiento y sabiduría. Hasta el salmista afirmó: «Son también mis consejeros» (Salmos 119.24 NVI). Señor Jesús, el Verbo, Consejero todopoderoso, permite que te escuche a ti por encima de los supuestos expertos. Después de todo, ¡tu Palabra ha proporcionado *todo* lo que necesitamos con respecto a la vida y a la santidad! Te doy las gracias por ello. Amén.

El árbitro

*No hay entre nosotros árbitro que ponga
su mano sobre nosotros dos.*

JOB 9.33 RVR1960

Señor, no pienso lo suficiente en tu regreso. Rara vez reflexiono en cada uno de nosotros de pie, delante de ti, en el día de la rendición de cuentas. Pero lo piense o no, la verdad permanece; el día del ajuste de cuentas va a llegar. Vas a venir.

Reconozco que ese día debería oír la sentencia que mis pecados merecen en justicia. Si dependiera de mi propio mérito, mi suerte sería un veredicto de culpabilidad. Pero tú, mi árbitro, estarás en pie y hablarás por mí. Tú, mi mediador y mi árbitro, me has dado motivos para convertir mi culpa en alegría, ¡mi sentencia en celebración! ¿Cómo no he de adorarte? ¿Cómo puedo olvidarme de vivir a la luz de este regalo?

Gracias por recordarme quién eres y lo que has hecho. Gracias por ser mi árbitro. Amén.

La puerta de las ovejas

*Volvió, pues, Jesús a decirles. De cierto, de cierto
os digo: Yo soy la puerta de las ovejas.*

JUAN 10.7 RVR1960

«Yo soy la puerta de las ovejas». Señor, qué lección de contraste. ¡Porque tú eres el YO SOY, el Dios todopoderoso, eterno, autosuficiente! Sin embargo, te convertiste en la puerta de las ovejas, una posición que requiere humildad y sacrificio. Por medio de ti, y solo por ti, obtenemos acceso al Padre. Por ti podemos descansar, sabiendo que estamos protegidos del enemigo. Gracias por incluirme en el rebaño. Gracias por permitirme descansar. Permite que me apriete contra ti hoy, a salvo y segura en tu amor. Amén.

FIEL

∞∞∞

*Conoce, pues, que Jehová tu Dios es Dios, Dios fiel, que
guarda el pacto y la misericordia a los que le aman y
guardan sus mandamientos, hasta mil generaciones.*

DEUTERONOMIO 7.9 RVR1960

Señor, he orado y orado para que me brindaras ayuda en
una situación concreta de mi vida. Parecía bastante desesperada y desesperanzada, y me preguntaba cómo la resol-
verías tú. ¡Pero lo hiciste! ¡Trajiste a las personas oportu-
nas en el momento idóneo! Estoy rebosante de gratitud.

Fiel —eso eres tú— en tu núcleo central mismo. Eres
digno de confianza fiable, constante y coherente. Gracias
por escuchar mi oración y responderla de un modo que
supera todo lo que yo pueda pedir o imaginar. Gracias
por ser verdadero. Gracias por ser tú, ¡el Dios Verdadero!
Amén.

PADRE

∽∾∾∾∽

«Yo seré un padre para ustedes, y ustedes serán mis hijos y mis hijas, dice el Señor Todopoderoso».

2 Corintios 6.18 nvi

Padre, Jesús nos enseñó a elevar nuestras oraciones a ti. Comenzó exaltando tu nombre, considerándolo santo, separado, algo aparte de todos los demás. Señor, como Padre nuestro, haces exactamente eso. Te mantienes aparte, superas a todos los demás padres. Estableciste la norma. Con esto no pretendo hacer de menos al maravilloso padre que me diste; de hecho, te doy las gracias y te alabo por el regalo que él ha sido en mi vida. Conozco a algunos que han tenido problemas en su relación con sus padres. Te pido por ellos en particular, pero te ruego que nos ayudes a todos a alcanzar esta íntima dimensión en nuestra relación contigo.

¡Señor, estoy tan agradecida de que seas mi Padre! Porque tú eres fiel, amable, fiable y perdonador. Provees, proteges, defiendes y preservas. Das instrucción y sabio consejo. Eres justo, misericordioso y amable. Eres el dador de buenas y perfectas dádivas. Nos agasajas con amor. Siempre estás ahí. Y... nos has escogido, ¡nos has adoptado como tuyos!

Soy tu hija, ¡tú eres mi Padre! En tus brazos hallo todo cuanto necesito. Te amo. Amén.

Consumador de la fe

Puestos los ojos en Jesús, el autor y consumador de la fe.
HEBREOS 12.2 RVR1960

Jesús, ¡gracias por ser el Consumador de mi fe! Reconociste el trabajo que necesitaba hacerse por causa de mi pecado, y te dispusiste a resolverlo. Elaboraste el plan, y lo consumaste. Por el gozo puesto delante de ti, soportaste la cruz, te enfrentaste a la vergüenza, ¡y te sentaste a la diestra de Dios en victoria! Jesús, de no haberlo soportado tú, yo estaría hoy sin esperanza.

Pero lo hiciste.

Así que ahora poseo esperanza en abundancia, la confianza de que Aquel que comenzó la buena obra en mí será fiel en completarla, y me presentará completa en el día de Cristo.

¡Aleluya! ¡Qué Salvador! ¡Gracias Jesús, Señor mío! Amén.

Un amigo más fiel que un hermano

*Hay amigos que llevan a la ruina, y hay
amigos más fieles que un hermano.*

PROVERBIOS 18.24 NVI

Jesús, estoy sola en este momento de mi vida. Hay días en los que lo llevo bien; otros días, no tanto. Anhelo la comunión. Deseo compañía. Necesito amistad. Pero ha sido en esta lucha silenciosa donde he aprendido a llamarte Amigo, pues en el silencio y en el aparente vacío he oído tu voz y he sentido tu amor. ¡Qué bendición!

Gracias, Jesús, por ser mi Amigo. Gracias porque eres capaz de escuchar siempre, *siempre*. Gracias por estar siempre, *siempre*, presente cuando te llamo. Y gracias por amarme siempre, *siempre*, ¡diga lo que diga! Eres un amigo más fiel que un hermano, y yo soy la compañera agradecida. Te amo querido Amigo. Amén.

Dador de toda buena dádiva

———— ⊷⊶ ————

Toda buena dádiva y todo don perfecto desciende
de lo alto, del Padre de las luces.

SANTIAGO 1.17 RVR1960

Padre, ¡estoy llena de gratitud! Esta mañana me desperté toda acurrucada en el calor de mi comodidad. Mis ojos vieron la luz del sol entrando por las ventanas. Mis oídos oyeron el sonido de las patitas del perro sobre el piso de madera. Mi esposo me dio un beso cuando salía hacia el trabajo. Tenía opciones de desayunar, agua caliente para la ducha, cosas en mi lista de tareas y un auto con el que hacer los recados. Recibí un mensaje divertido de mi hija, un correo electrónico de mi editor y una llamada de una amiga.

Gracias por los regalos que me das cada día, desde las tareas domésticas comunes y corrientes ¡hasta las extraordinarias oportunidades de servirte! Eres el dador de toda buena dádiva. Vivo con esa concienciación. Hago esta oración en el nombre del regalo perfecto que tú entregaste, Jesucristo. Amén.

PADRE GLORIOSO

※

Pido que el Dios de nuestro Señor Jesucristo, el
Padre glorioso, les dé el Espíritu de sabiduría y
de revelación, para que lo conozcan mejor.

EFESIOS 1.17 NVI

La oración de acción de gracias de Pablo por los efesios:

«Por eso yo, por mi parte, desde que me enteré de la
fe que tienen en el Señor Jesús y del amor que demuestran
por todos los santos, no he dejado de dar gracias por ustedes al recordarlos en mis oraciones. Pido que el Dios de
nuestro Señor Jesucristo, el Padre glorioso, les dé el Espíritu de sabiduría y de revelación, para que lo conozcan
mejor. Pido también que les sean iluminados los ojos del
corazón para que sepan a qué esperanza él los ha llamado,
cuál es la riqueza de su gloriosa herencia entre los santos,
y cuán incomparable es la grandeza de su poder a favor de
los que creemos. Ese poder es la fuerza grandiosa y eficaz»
(Efesios 1.15-19 NVI).

Dios de toda consolación

~~~~~oooo~~~~~

Alabado sea el Dios y Padre de nuestro Señor Jesucristo,
Padre misericordioso y Dios de toda consolación.

2 Corintios 1.3 nvi

Dios, te alabo por ser un Dios que consuela. Vienes a nuestro lado en nuestras penas, nuestras luchas y nuestro dolor, y nos brindas apoyo y fortaleza en nuestra debilidad. Puedo contemplar mi vida en retrospectiva, y señalar las veces en las que me sostuviste, porque sin ti, sin lugar a duda me habría derrumbado. Puedo recordar ejemplos concretos en los que tu paz calmó el dolor de mi corazón, porque la paz que ofreces sobrepasa todo entendimiento.

Señor, sé que tu Santo Espíritu reside en mí. Sé que tú obras en mi vida por medio de él. Gracias por ese regalo tan precioso y necesario: tu Espíritu Santo. Él ayuda, guía, viene a nuestro lado, proporciona un consuelo que viene de ti, mi Creador y Sustentador; mi Dios de toda consolación. Amén.

El Dios que ve (El Roi)

Entonces llamó el nombre de Jehová que con ella hablaba. Tú eres Dios que ve; porque dijo: ¿No he visto también aquí al que me ve?

GÉNESIS 16.13 RVR1960

Padre Dios, últimamente me siento invisible. ¡Nuestra sociedad está tan distraída con su ajetreo que hemos olvidado cómo llorar con los que lloran y cómo gozarnos con los que se regocijan! Estoy experimentando ambos extremos de ese aspecto: celebrar las grandes cosas que estás haciendo en mi vida y en mi ministerio, pero también luchar con las pruebas que me han derrumbado. Quiero con desesperación que alguien se dé cuenta, pero se diría que todos están demasiado ocupados, atrapados en sus propias pruebas y triunfos.

¡Pero es entonces cuando recuerdo que tú eres el Dios que ve! Ves y conoces cada detalle de mi vida, cada dolor y cada aleluya de mi corazón. No necesito buscar a nadie que me dé una palmadita en la espalda ni que me ofrezca un hombro sobre el que llorar, porque tú ves y sabes, y estás ahí para escuchar mis historias. Gracias, Señor, por verme. Y gracias por permitir que yo te vea. Amén.

Maestro bueno

❦

Maestro bueno, ¿qué haré para heredar la vida eterna?
MARCOS 10.17 RVR1960

«¿Qué haré?». Señor, esta pregunta resuena en muchos de nosotros, porque somos hacedores. Sin embargo, si contemplamos nuestra motivación, con frecuencia vemos que somos culpables. *Hacer* es cosa de los religiosos. *Ganar* la vida eterna es una pretensión de los píos. Seguir las reglas y hacer una lista de tareas proporciona un falso sentido de que jugamos un papel en la salvación. Pero no contribuimos en nada ni tenemos parte alguna, y esto se debe a que: «No hay un solo justo, ni siquiera uno» (Romanos 3.10 NVI).

Pero tú, Maestro Bueno, me has liberado de las cadenas de la religión, y has abierto las puertas a la libertad. ¡Me has mostrado que no es cuestión de seguir las leyes, sino de seguirte a *ti*!

Gracias porque no tengo que estar encadenada al legalismo, sino que soy libre por amor.

Gracias por la obra que hiciste en la cruz, y ahora puedo descansar en tu gracia.

Amén.

FIADOR

Jesús ha llegado a ser el que garantiza un pacto superior.

HEBREOS 7.22 RVR1960

Señor, la vida está llena de incertidumbres, de situaciones en las que carecemos de seguridad. Nos preocupamos y tenemos miedo, nos inquietamos y nos hacemos preguntas; todo esto provoca que perdamos el sueño, que desperdiciemos tiempo, y que nos perdamos la marca de confianza que tú has establecido para nosotros. Sin embargo, tú has compartido un nombre, has revelado un aspecto de tu carácter con el que podemos contar, porque tú eres nuestro fiador. Eres nuestra seguridad. Nuestro garante. Nuestra confianza. Podemos sacar letras de cambio del banco del cielo, sabiendo que tú te has entregado en prenda como nuestra seguridad.

Gracias porque puedo correr a ti, mi Fiador, cuando mi fe se tambalea.

Gracias porque puedo contar contigo para salir airosa... siempre. Amén.

Excelso sobre todos

〜〜〜

Tuyo, oh Jehová, es el reino, y tú eres excelso sobre todos.

1 Crónicas 29.11 rvr1960

La oración de acción de gracias de David cuando el pueblo entregó una ofrenda voluntaria para la casa del Señor:

«Bendito seas tú, oh Jehová, Dios de Israel nuestro padre, desde el siglo y hasta el siglo. Tuya es, oh Jehová, la magnificencia y el poder, la gloria, la victoria y el honor; porque todas las cosas que están en los cielos y en la tierra son tuyas. Tuyo, oh Jehová, es el reino, y tú eres excelso sobre todos. Las riquezas y la gloria proceden de ti, y tú dominas sobre todo; en tu mano está la fuerza y el poder, y en tu mano el hacer grande y el dar poder a todos. Ahora pues, Dios nuestro, nosotros alabamos y loamos tu glorioso nombre.

»Porque ¿quién soy yo, y quién es mi pueblo, para que pudiésemos ofrecer voluntariamente cosas semejantes? Pues todo es tuyo, y de lo recibido de tu mano te damos... Oh Jehová Dios nuestro, toda esta abundancia que hemos preparado para edificar casa a tu santo nombre, de tu mano es, y todo es tuyo» (1 Crónicas 29.10-14,16 rvr1960).

ESCONDEDERO CONTRA EL VIENTO

Y será aquel varón como escondedero contra el viento.

ISAÍAS 32.2 RVR1960

Padre Dios, existe una película sobre una carrera de caballos de tres mil kilómetros a través del desierto de Arabia. En una escena, una tremenda tormenta arrasa el paisaje. El jinete obliga a su caballo a galopar al máximo, e intenta dejar atrás la tormenta, pero es en vano. Cuando parece que la enorme nube de polvo lo va a engullir, ve un puesto de avanzada, y justo cuando la arena comienza a rebasarlo a él y a su caballo, corren al refugio, y escapan a una muerte segura.

Señor, cuando oigo este nombre, Escondedero contra el Viento, me imagino esta escena de la película. ¡Es un gran recordatorio de que tú eres mi refugio! A veces las tormentas de la vida se arremolinan, y casi me sofocan. Y en el momento en que pienso que ya no puedo soportar más, me proporcionas exactamente aquello que necesito: un escondedero en ti. Gracias por estar ahí. Gracias por permitirme correr hacia ti cuando rugen los vientos de la vida. En el nombre de Jesús, amén.

Yo soy (Jehová/Yahvé)

Jesús les dijo: «De cierto, de cierto os digo.
Antes que Abraham fuese, yo soy».

JUAN 8.58 RVR1960

Tú eres el Yo Soy. Si soy sincera, no comprendo del todo ese nombre. Por tanto, mi oración es que me ayudes a entenderlo mejor... a comprenderte más. Pero reconozco que este nombre me señala algo crucial sobre ti: tú existes. Siempre has sido, y siempre serás. Este nombre me indica que estarás ahí, presente y constante en mi vida. Me muestra que conoces el final desde el principio, y esto resulta reconfortante ya que ¡no sé cómo acabarán muchos días! Gracias, gran Yo Soy, porque puedo saber que no te irás a lugar alguno, sino que Tú Estás en cada uno de mis momentos. Amén.

DON INDESCRIPTIBLE

―――― ∞∞∞ ――――

¡Gracias a Dios por su don inefable!
2 CORINTIOS 9.15 NVI

Señor, he sido bendecida al recibir algunos dones bastante increíbles. Estoy segura de que tú recuerdas cuando mi esposo me recogió de una conferencia en un auto nuevo como regalo por nuestro vigésimo aniversario de boda. ¡Hablando de emociones! Pero eso fue hace algunos años... y, ahora, como sabes, el coche ya tiene más de cien mil kilómetros, tiene manchas en la tapicería, óxido en la carrocería, y hace ruidos que no debería hacer. De alguna manera resume la realidad de la mayoría de los regalos, ¿no es así?

¡Pero tú has entregado todo don posible jamás conocido! ¡El regalo de Jesucristo al mundo es incomparable! ¡No existe mayor tesoro ni nada más valioso!

Él es inefable.

Inexpresable.

Demasiado maravilloso para ponerlo en palabras.

Por tanto, cuando me faltan las palabras, oro para que mi actitud y mis actos te parezcan llenos de una gratitud sin fin. Tú eres el dador de toda dádiva buena y perfecta, pero las coronaste todas al dar a tu Hijo unigénito por una pecadora como yo. ¡Gracias, Señor! Amén.

Celoso (Caná)

◦◦◦

«No adores a ningún otro dios, porque el Señor, cuyo nombre es Celoso, es Dios celoso de su relación contigo».

ÉXODO 34.14 NTV

Señor, oí cómo alguien hablaba mal de ti, y te criticaba por ser un Dios celoso. Decían que no era la clase de Dios que querían; en cambio deseaban a un Dios amoroso. Querían fabricar ellos los atributos de su dios, hacer una especie de dios «a su manera», un dios tipo cafetería. Un dios hecho por el hombre.

Pero yo veo tu celo de un modo diferente. Entiendo que no estás celoso *de* mí, sino celoso *por* mí. Irónicamente, *se trata* de un celo amoroso. Tú me ves y quieres estar conmigo. Deseas mi mayor bien, y resulta que ese mayor bien eres tú. Eres el Dios altísimo, no creado con manos humanas ni fabricado por pensamientos humanos, sino eterno, compasivo, santo, justo y fiel. Me amas con dulzura, y te entregas a mí por completo, así que pedirme que responda con simple lealtad parece un poco unilateral.

Gracias, Señor, por tu amor sin igual. Gracias por ser celoso respecto a mí. Amén.

El Cordero que fue inmolado

─────── ❧ ───────

*Y la adoraron todos los moradores de la tierra
cuyos nombres no estaban escritos en el libro de
la vida del Cordero que fue inmolado.*

Apocalipsis 13.8 RVR1960

Jesús, tú eres el animal sacrificado en el Jardín del Edén, y que proporcionó pieles para que Adán y Eva se cubrieran. Eres el carnero atrapado en el matorral, el sustituto del joven Isaac cuando Abraham fue a ofrecerlo sobre el altar. Eres el animal cortado en dos durante la ceremonia del pacto, y derramaste tu sangre para que la mía fuese perdonada. Eres el Cordero Pascual, cuya sangre protege del ángel de la muerte. Jesús, tú eres el Cordero de Dios que quita los pecados del mundo. Y eres tú quien fuiste destinado a la muerte antes de que se dispusiera la fundación del mundo.

Como escribió el escritor de Hebreos: «Sin derramamiento de sangre no hay perdón» (9.22 NTV). Qué escaso suena un simple gracias en comparación con el precio de tu regalo. Pero aun así lo pronunciaré... no, *lo gritaré*, ¡porque tú eres el Cordero que fue inmolado por mí! ¡*Gracias Jesús!* Amén.

El que levanta mi cabeza

*Mas tú, Jehová, eres escudo alrededor de mí;
mi gloria, y el que levanta mi cabeza.*

SALMOS 3.3 RVR1960

Padre Dios, hoy ha sido un día duro. Estoy cansada. Estoy desgastada. Agotada. Mi cuerpo me traiciona, y estoy asqueada de sentirme enferma. Me duele la cabeza —la siento pesada—; estoy triste y desanimada. Sé que, en tu Palabra, el apóstol Pablo habla del aguijón en su carne, y aunque no lo identifica, estoy *convencida* de que debía tratarse de migrañas, pues esas han sido de la forma más definitiva mis aguijones. Del mismo modo que Pablo, he orado, y orado, y orado para que quites este aguijón, para que te lleves este sufrimiento crónico. Sin embargo, permanece.

Pero esto sé. Tú eres el que levanta mi cabeza; eres la fuerza en mi debilidad. Por tanto, con mucho gusto me gloriaré en mi debilidad, para que tu poder pueda manifestarse en mí. Señor, al levantar tú mi cabeza, te doy las gracias por utilizar esta debilidad para fortalecer mi dependencia de ti. Amén.

El Señor (Jehová)

─────◦◦◦─────

Ese día David le dio a Asaf y a sus compañeros
levitas esta canción de agradecimiento al Señor.

1 Crónicas 16.7 NTV

La canción de acción de gracias de David cuando trajeron
el arca de regreso a Jerusalén:

> «Den gracias al Señor y proclamen su grandeza;
>   que todo el mundo sepa lo que él ha hecho.
> Canten a él; sí, cántenle alabanzas;
>   cuéntenle a todo el mundo acerca de sus obras
>   maravillosas.
> Regocíjense por su santo nombre;
>   alégrense ustedes, los que adoran al Señor.
> Busquen al Señor y su fuerza, búsquenlo
>   continuamente.
> Recuerden las maravillas
>   y los milagros que ha realizado, y las
>   resoluciones que ha dictado».
> (1 Crónicas 16.8-12 NTV)

Señor Jehová

«Escucha, Israel. El Señor nuestro Dios es el único Señor».

DEUTERONOMIO 6.4 NVI

Padre, Hijo y Espíritu Santo —Dios en comunidad—, tú eres el Dios que tiene pluralidad y, sin embargo, eres uno solo. Tu carácter trino, unido, revela el valor que le das a la relación. Por tanto, hoy te doy gracias por las relaciones que me has proporcionado, en especial las de mi círculo interno, mi familia.

Gracias por crear la familia. Gracias porque la familia provee para nosotros un lugar al que pertenecer, una tribu en la que descansar y con la que luchar, personas que conocen de forma privada cada debilidad y, sin embargo, son las primeras en alardear de tus fuerzas ante el mundo. Gracias por las bromas internas, por las apariencias al descubierto y por los momentos insignificantes que se convierten en recuerdos que no tienen precio. Gracias por los altibajos, las subidas y las bajadas, la risa, las lágrimas, y el conocimiento tranquilizador de que somos uno. Señor Jehová, gracias por ser nuestro Dios relacional. Amén.

El Señor mi Roca (Jehová-Tsuri)

Alaben al Señor, mi roca. Él entrena mis manos para la guerra y da destreza a mis dedos para la batalla.

Salmos 144.1 NTV

¿Quién es firme, fiel, eterno y fuerte? ¿Quién es sólido, estable, permanente y poderoso? ¿Acaso no lo eres tú, oh Señor, mi Roca?

Gracias por ser mi fundamento cuando la tierra cede.

Gracias por ser mi fortaleza cuando el enemigo ataca.

Gracias por ser mi fundamento cuando los acontecimientos me abruman.

¡Tú eres la Roca Eterna, abierta para mí! ¡Y en ella me esconderé! Amén.

El Señor provee (Jehová-Yiré)

————— ∞∞∞ —————

A ese sitio Abraham le puso por nombre: «El Señor provee». Por eso hasta el día de hoy se dice: «En un mjonte provee el Señor».

GÉNESIS 22.14 NVI

Jehová-Jireh, tú eres el Dios que provee. Gracias por todas tus bendiciones, ¡que son más extremadas y abundantes de lo que yo podría pedir o imaginar! Gracias por el perdón y por la fe, por la risa y por el amor, por la familia, por los amigos, por la comida, por el refugio, por el trabajo, por el descanso y por el juego. Gracias por nuestros sentidos que nos permiten sentir, oír, oler, saborear y ver que eres un buen, buen Padre.

Sobre todo, Señor, te alabamos por darnos a Jesús, el Cordero del sacrificio. Sin Él, nuestras vidas no tendrían esperanza... pero por tu provisión, podemos vivir en esperanza constante y segura.

Te amo Señor, no por todo lo que das, sino por quien tú eres. Amén.

Mi ayuda (Ezrá)

_Dios es nuestro amparo y nuestra fortaleza, nuestra
ayuda segura en momentos de angustia._

Salmos 46.1 nvi

Señor, hoy me llamó mi hijo. Sus planes de viaje se cancelaron, y necesitaba mi ayuda con desesperación. Como no tenía nada en mi agenda, salté dentro de mi auto, con rapidez y ansiedad para llevarlo donde tenía que ir. Pasamos tres preciosas horas juntos, y me sentí extrañamente agradecida por sus circunstancias que no eran ni mucho menos óptimas. Su dependencia de mí nos permitió pasar un tiempo juntos, el uno con el otro, tiempo que ya no tenemos desde que se mudó.

Al meditar sobre ello me doy cuenta de que no es algo tan distinto a mi relación contigo. ¡Cuán a menudo hago mis propios planes que me alejan de ti! Cómo las circunstancias menos óptimas son el catalizador para algunos de nuestros momentos más dulces juntos. Cómo sé que estás ahí, independientemente del momento del día, siempre disponible, ¡como si no tuvieras nada más en tu agenda!

Gracias por ser mi Ayuda, amado Padre. Amén.

Mi Pastor (Jehová-Raá)

El Señor es mi pastor, nada me falta.

SALMOS 23.1 NVI

¡Compararse a una oveja, *no* es desde luego un cumplido, Señor! Las ovejas son tímidas y miedosas, se distraen con facilidad, son débiles, vulnerables y, por lo general, no demasiado listas. Necesitan cuidado y atención constantes, y pueden ser extremadamente tercas. Tienen una mentalidad de multitud, y siguen al rebaño incluso en su propio detrimento. Requieren guía para comer, dormir, tumbarse y descansar. En otras palabras, ¡son unas necesitadas!

Yo también lo soy. Exactamente eso necesitada. Por eso te necesito más. Increíblemente, tienes un modo de atender cada necesidad. En ti nada me falta. En ti soy bendecida con cada bendición espiritual en el reino celestial. En ti tengo todo cuanto necesito. Gracias, querido Pastor. Amén.

Mi fortaleza y mi canción

He aquí Dios es salvación mía; me aseguraré y no temeré; porque mi fortaleza y mi canción es JAH Jehová, quien ha sido salvación para mí.

Isaías 12.2 rvr1960

Señor Dios, debo admitir que el miedo me perjudica a veces, y últimamente me ha paralizado. Me he centrado tanto en los «y si», que te he perdido por completo de vista a ti, ¡Aquel que es! Gracias por el salmista que me recuerda que...

Dios es mi Salvación, y que puedo confiar en él.
Dios es mi Fuerza, y que no tengo que temer.
Dios es mi Canción, y que cantarle me hace libre.

Señor, haz que mi canción sea hoy música para tus oídos, aunque desafine un poco. Amén.

UNA OFRENDA

Y andad en amor, como también Cristo nos amó, y se entregó a sí mismo por nosotros, ofrenda y sacrificio a Dios en olor fragante.

EFESIOS 5.2 RVR1960

Jesús, no solo predicaste con el ejemplo, sino que transitaste el camino. En esa última noche con tus discípulos, antes de que fueras crucificado, dijiste: «Nadie tiene mayor amor que este, que uno ponga su vida por sus amigos» (Juan 15.13 RVR1960).

Dijiste: «Hasta este punto te amo».
Entonces extendiste tus brazos y moriste en mi lugar.
Gracias por mostrarme cómo es el verdadero amor.
Gracias por ser mi Ofrenda. Amén.

Aquel al que ama mi alma

———⦿———

Me levantaré ahora, y rodearé por la ciudad; por las calles y por las plazas buscaré al que ama mi alma.

Cantares 3.2 RVR1960

Señor, tú me amaste primero,
mientras yo me revolcaba en mis pecados.
Indigna... eso soy.

Señor, te amo ahora,
acepto tu regalo de gracia.
Redimida... ¡soy libre!

Nuestra esperanza

━━━━━ ∞∞∞ ━━━━━

Pablo, apóstol de Jesucristo por mandato de Dios nuestro
Salvador, y del Señor Jesucristo nuestra esperanza.

1 Timoteo 1.1 RVR1960

Gracias, Jesús, por ser mi esperanza. Gracias por darme la confianza de que las promesas escritas en tu Palabra *se* cumplirán; la salvación del castigo por el pecado, la libertad del poder del pecado y, finalmente, ¡la eliminación de la presencia del pecado! Gracias porque estas no pertenecen al tipo de promesas «Espero que ocurra, las posibilidades son bastante buenas», sino que, porque tú sellaste el trato con tu propia sangre, ¡yo sé que son cosa cierta!

Puedo confiar plena y completamente en tu nombre, Señor Jesús, ¡pues mi esperanza se afianza nada más y nada menos que en la sangre y en la justicia de Jesús! Amén.

Nuestro Legislador

───── ∞∞∞ ─────

Porque Jehová es nuestro juez, Jehová es nuestro legislador,
Jehová es nuestro Rey; él mismo nos salvará.

Isaías 33.22 RVR1960

Señor, gracias por ser nuestro Legislador. Tu ley trae orden al caos. Nos acorrala y nos mantiene a salvo. Tu ley nos muestra nuestros defectos, y nos revela por fin nuestra necesidad de un Salvador. Nos conoces y entiendes nuestras necesidades, de modo que hiciste la ley para nosotros con infinita dulzura y amor. Gracias por darnos a Jesucristo, quien cumplió esa misma ley. Donde yo no estuve a la altura, Jesús intervino.

Señor, gracias por capacitarme por medio de tu Espíritu para caminar de acuerdo con tus normas. Te ruego que puedas conocer mi amor por ti a través de mis actos, pues tu Palabra afirma: «El que tiene mis mandamientos, y los guarda, ése es el que me ama» (Juan 14.21 RVR1960). Amén.

PROVEEDOR

A los ricos de este mundo, mándales que no sean
arrogantes ni pongan su esperanza en las riquezas,
que son tan inseguras, sino en Dios, que nos provee
de todo en abundancia para que lo disfrutemos.

1 TIMOTEO 6.17 NVI

Señor, hay sábanas que cambiar, lo que significa que tengo seres queridos bajo mi techo. Hay que lavar la ropa, lo que significa que tengo qué ponerme, tengo que hacer la comida, lo que significa que no nos falta la comida. Hay llamadas de teléfono por contestar, lo que significa que tengo amistades. Tengo plazos que se acercan, lo que quiere decir que tengo un trabajo. Hay una lección que preparar, ¡lo que indica que tengo la oportunidad de compartir tus buenas nuevas! Señor, ¡me siento bendecida!

¡Gracias por proveerme de estas cosas y mucho más! Soy rica por tu abundante amor. Amén.

Lluvia sobre hierba recién cortada

*Que sea como la lluvia sobre un campo sembrado,
como las lluvias que empapan la tierra.*

SALMOS 72.6 NVI

Abrasado y seco... sediento.
La lluvia cae y riega la tierra.
Tú refrescas mi alma.

REDENTOR (GAAL)

*«El Redentor vendrá a Jerusalén para rescatar en Israel a
los que se hayan apartado de sus pecados»*, dice el Señor.

ISAÍAS 59.20 NTV

Querido Señor, juego al juego de las comparaciones con
demasiada frecuencia y, por lo general, salgo perdiendo.
Cuando miro a mi alrededor veo a personas más listas,
más delgadas, más guapas y más talentosas que yo. Mujeres que cumplen mejor su función de madre, esposa y
amiga. Y esas son más dignas de llamarse hijas tuyas. Yo
no estoy a la altura.

Sin embargo, quiero darte las gracias ahora mismo
por recordarme que tú utilizas unas lentes diferentes
cuando me miras. Ves a alguien que vale la pena, ¡alguien
merecedora de que se pague un gran precio por ella! Gracias, Redentor mío, por comprarme, con mis defectos y
todo, y hacerme valiosa a través de la preciosa sangre de
Jesús. Amén.

GALARDONADOR

Pero sin fe es imposible agradar a Dios; porque es necesario que el que se acerca a Dios crea que le hay, y que es galardonador de los que le buscan.

HEBREOS 11.6 RVR1960

Querido Dios:

Creo que eres.

Creo que existes.

Creo que no hay nadie más alto ni mayor que tú.

Creo que todo lo que está en el cielo y en la tierra está bajo tu autoridad.

Creo que eres un Dios bueno, y que tu bondad me permite acercarme a ti.

Creo que eres un Dios amoroso, y que tu amor me impulsa a buscarte.

Creo que quieres lo máximo y lo mejor para mí, lo que se traduce en una profunda relación contigo.

Dios, al buscarte, al conocerte más, me doy cuenta de que eres el Galardonador. Pero más que eso, ¡tú eres *el* galardón! Gracias por ser mi gran recompensa. Amén.

SANTIFICACIÓN
(Jehová-Mekoddishkem)

〜∞〜

Mas por él estáis vosotros en Cristo Jesús, el cual nos ha sido hecho por Dios sabiduría, justificación, santificación y redención.

1 CORINTIOS 1.30 RVR1960

Señor, me llamas a ser apartada, santa. Ordenas que sea diferente, no común. Reconozco que no es posible solo por mí misma, pues soy imperfecta, llena de faltas, y mi carne prevalece. Termino viéndome como el mundo, y tu diferencia no se aprecia.

Pero no está todo perdido, ¡no estoy perdida! No, he sido salva. Estoy segura. Soy apartada, soy santa. Como si de una vieja y sucia chaqueta se tratara, ¡me he despojado del viejo yo, y me he vestido de tu justicia! ¡Estoy revestida de Cristo! Conforme menguo y me someto por completo a ti, no me mezclaré con el mundo. Distinta, apartada y poco común para Cristo, ¡por causa de Cristo!

Jesús, tú eres mi Santificación. Eres el que me hace marcar la diferencia. ¡Te alabo a ti! Amén.

Santuario (Miquedásh)

─────── ∞ ───────

Por lo tanto, diles a los desterrados: «Esto dice el Señor Soberano.
"A pesar de que los esparcí por los países del mundo, yo seré un
santuario para ustedes durante su tiempo en el destierro"».

Ezequiel 11.16 ntv

Como los israelitas en Babilonia, yo soy una forastera en
tierra extraña. Este lugar no es mi hogar. Anhelo el consuelo de pertenecer a algún sitio. Conocerte a ti como mi
Santuario suaviza entonces mi dolor. Como mi Santuario
me proporcionas un lugar para centrar mi mente en tu
verdad, tomar aire y sentir tu calma, alinear mi voluntad
con la tuya, y adorar sin trabas.

Gracias por ser mi Santuario, por esconderme de los
ojos de la tierra y acallarme de todo clamor de la tierra.
Amén.

SIMIENTE DE LA MUJER

———— ∞ ————

*«Y pondré enemistad entre ti y la mujer, y entre
tu simiente y la simiente suya; ésta te herirá en
la cabeza, y tú le herirás en el calcañar».*

GÉNESIS 3.15 RVR1960

Ser el Dios de toda la creación y después humillarte para
nacer de esa misma creación es difícil de entender. Pero
entonces, de nuevo, eres el Dios que destroza los paradig-
mas, que cambia las normas y elimina las limitaciones. Te
hiciste como yo para que pudiera tener una relación contigo. Tomaste mi pecado para que pudiera vestirme de tu
justicia. Abriste un camino para la restauración intercam-
biando tu gloria por mi vergüenza. Jesús, tus actos gritan
tu amor, cada gesto declara que me valoras. ¿Y qué hace
que algo sea valioso? El precio que alguien desea pagar
por ello. Gracias por amarme tan abundantemente. Haz
que pueda vivir hoy en ese entendimiento.

Que pueda amar hoy con esa misma mentalidad.
Amén.

SILOH (PACIFICADOR)

«No será quitado el cetro de Judá, ni el legislador de entre sus pies, hasta que venga Siloh; y a él se congregarán los pueblos».

GÉNESIS 49.10 RVR1960

Querido Dios, eres un Dios que cumples tu palabra, y realizas fielmente cada detalle, incluso aquellos que no estamos buscando. Prometiste que vendría Siloh, y lo hizo; Jesucristo, el Mesías. Trajo paz a los que estaban cerca y a los que estaban lejos. Paz a tu pueblo Israel, y a todo el mundo gentil. Jesús, redujiste la brecha, haciendo de dos grupos uno. Haces posible la unidad.

Conforme voy pasando el día, mantenme alerta de que quieres que todo el mundo te conozca. Elimina cualquier insinuación de prejuicio u orgullo en mi vida. Haz que tu paz penetre en mis pensamientos y en mis actos, que fluya a un mundo caótico que te necesita desesperadamente.

Te doy las gracias por traer paz, tal como dijiste que harías. Amén.

ROCA DE ISRAEL

Mas su arco se mantuvo poderoso, y los brazos de sus manos se fortalecieron por las manos del Fuerte de Jacob (Por el nombre del Pastor, la Roca de Israel).

GÉNESIS 49.24 RVR1960

¡Oh Roca de Israel, principal piedra de ángulo! Tú eres el fundamento firme, y siempre que edifique mi vida sobre ti, estaré segura de que permanecerá firme. No hay prueba, tormenta, dificultad ni circunstancia alguna que pueda minar tu fuerza. La economía, la educación, la familia y la salud pueden parecer fuertes por un tiempo, pero he visto agrietarse cada uno de esos llamado pilares, incluso derrumbarse. Pero tú no. Tú nunca cedes, eres estable y seguro. Gracias Dios por ser mi Roca, mi base segura. Amén.

SABIDURÍA

«Yo, la Sabiduría, convivo con el buen juicio. Sé dónde encontrar conocimiento y discernimiento».

PROVERBIOS 8.12 NTV

Señor, siempre me asombra cuando alguien pide mi aportación, ¡como si yo tuviera algún consejo que ofrecer! Lucho y con mis propias decisiones lo convierto todo en un desastre. Sin embargo, sé que tú eres la fuente de toda sabiduría. Eres el manantial del conocimiento. Tu Palabra me confirma que, si alguien tiene falta de sabiduría, debería pedírtela a ti, y tú la repartirás con generosidad. De modo que te la pido. Mi oración es que yo pueda ser capaz de conducir a mi amiga a ti. Ayúdanos a comprender y a saber más de tu Palabra para que ambas podamos vivir nuestras vidas de una manera que te agrade.

Gracias porque podemos venir a ti, el Dios de toda sabiduría. Amén.

El Verbo de Dios

*Está vestido de un manto teñido en sangre,
y su nombre es «el Verbo de Dios».*

APOCALIPSIS 19.13 NVI

Jesucristo, gracias por ser el Verbo de Dios. Gracias por vivir el mensaje divino de gracia para que todos lo lean. Gracias por hablar palabras de vida y de verdad. Gracias por preservar esas palabras, y hacerte incluso más accesible a nosotros.

Gracias por la Biblia, por el aliento mismo de Dios. Gracias porque puedo conocerte a través de tu Palabra. Tu corazón, tus pensamientos, tu plan, tu propósito. Gracias por equiparme por medio de tu Palabra, que me enseña, me exhorta, me corrige y me entrena en justicia.

Oh Dios, ¡haz que pueda exaltar siempre tu Palabra! Ojalá que siempre me veas tratar tu verdad de la forma correcta. Amén.

GUSANO Y NO HOMBRE

*Pero yo, gusano soy y no hombre; la gente se
burla de mí, el pueblo me desprecia.*

SALMOS 22.6 NVI

Señor, es tremendo comprobar lo malos que podemos llegar a ser los seres humanos los unos con los otros. A veces sé que el daño se produce porque yo soy demasiado sensible, pero otras veces está claro que yo soy el objetivo, el blanco de palabras feas y de actitudes aún peores. Siento ganas de responder, de salir con una ocurrencia inteligente que los ponga en su sitio.

En lugar de lanzar palabras y causar heridas, estoy agradecida de poder hablar contigo sobre ellos, Señor. Sabes a qué me refiero, ¿verdad? Lo comprendes. Tú, que fuiste maltratado y humillado por mí, que padeciste de una forma exponencial más de lo que yo sufriré jamás. Y ni siquiera abriste tu boca (Isaías 53.7). Me dejaste un ejemplo a seguir —de verdadera gracia y humildad—, respecto a extender el perdón a los insólitos.

Señor, gracias por escuchar y por traer mis acciones y mis actitudes a una alineación más próxima a las tuyas. Amén.

SÚPLICA

... porque él cuida

Depositen en él toda ansiedad,
porque él cuida de ustedes.

1 Pedro 5.7 NVI

El Alfa y la Omega

Yo soy el Alfa y la Omega, principio y fin, dice el Señor, el que es y que era y que ha de venir, el Todopoderoso.

APOCALIPSIS 1.8 RVR1960

Señor mi Dios, cuando los niños pequeños tienen miedo o sienten angustia por una situación, los tomamos y los envolvemos en nuestros brazos, y rodeamos por completo sus pequeños cuerpos. Pues bien, estoy totalmente angustiada ahora mismo, y siento que estoy en caída libre. En las Escrituras leo que tú eres el Alfa y la Omega, el principio y el fin. ¡Esto significa que lo abarcas *todo*! Rodéame ahora. Tómame en tus brazos. Hazme conocer la seguridad que solo viene de Aquel que es mayor que yo... mayor que mi situación. Amén.

El autor de la fe

 〰️

*Puestos los ojos en Jesús, el autor y consumador de la fe, el cual
por el gozo puesto delante de él sufrió la cruz, menospreciando
el oprobio, y se sentó a la diestra del trono de Dios.*

Hebreos 12.2 RVR1960

Jesús, la historia importa. Nos proporciona un punto de
vista más claro. Sin embargo, tú sigues mostrándome que
Su historia importa más. *Su* historia —el plan de rescate
de Dios motivado por el amor y entregado como un regalo a aquellos que no lo merecen— importa a lo largo de
toda la historia. Tú has sido el autor mediante tu Palabra,
y lo has completado con la victoria sobre la muerte. La
última página de tu libro afirma lo siguiente: ¡Satanás es
vencido y tú reinas!

Y porque yo conozco tu guion, Señor, te ruego hoy
que yo pueda vivir con más valentía. Porque te veo a ti
con una perspectiva panorámica, Señor, someto a ti las
páginas de mi vida. Amén.

EL NOVIO

*A medianoche se oyó un grito: «¡Ahí viene
el novio! ¡Salgan a recibirlo!».*

MATEO 25.6 NVI

Jesús, en la época del Nuevo Testamento, el novio pasaba el tiempo del compromiso construyendo y preparando una casa para su esposa. Cuando el padre sentía que su hijo ya había preparado todo lo suficiente, enviaba a su hijo al pueblo para que fuera y trajera a su amada esposa.

Jesús, sé que tú estás preparando un lugar para tu esposa, la iglesia. Y yo soy parte de esa iglesia, porque te conozco como mi Salvador. ¡Vendrás de nuevo para llevarnos allí donde tú estás! Mi oración es que nos encuentres esperándote con expectación y preparados para ti. No permitas que nos hagamos perezosos. Haz que no dudemos ni cuestionemos tu regreso. Haz que, en su lugar, nos encuentres anticipando con impaciencia la hermosa unión entre tú, el esposo y tu esposa, la iglesia. Amén.

EL CAPITÁN DEL EJÉRCITO DE JEHOVÁ

*El respondió: «No; mas como Príncipe del
ejército de Jehová he venido ahora».*

JOSUÉ 5.14 RVR1960

Padre Dios, los ejércitos de Israel permanecían a las puertas de la Tierra Prometida. Sus enemigos se cernían sobre ellos amenazantes, y los israelitas carecían de destrezas y capacidades propias. Sabedor de su temor e inquietud, te apareciste ante su líder, Josué, y le aseguraste que nada ni nadie podrían avanzar contra tus fuerzas. ¡Los gigantes de la tierra se someterían al Capitán del Ejército de Jehová!

Tú eres el mismo Dios hoy, ¡y los gigantes a los que me enfrento no tienen nada que hacer contra ti! Señor, sé tú mi ataque, mi defensa, mi poder y mi confianza. Al postrarme en sumisión delante de ti, toma tú el mando ¡y hazme poseer las promesas que tú has dado! Amén.

CRISTO

〜✲〜

Quiero conocer a Cristo y experimentar el gran
poder que lo levantó de los muertos. Quiero
sufrir con él y participar de su muerte.

FILIPENSES 3.10 NTV

Cristo, como oró el apóstol Pablo, mi plegaria es. ¡Quiero
conocerte más! Quiero familiarizarme cada vez más con
tus caminos, de una forma más íntima, conocer y percibir
las extraordinarias maravillas de tu persona. Quiero conocer el poder de tu resurrección que habita dentro de mí
por medio de tu Espíritu Santo. Quiero participar de tus
sufrimientos, ser conformada a tu muerte muriendo a mí
misma. Haz que yo pueda ser crucificada contigo, Cristo,
para que ya no viva yo, ¡sino que vivas tú en mí!

Jesús, esta es una oración peligrosa, pero creo que no
hay mayor llamado que conocerte. Ayúdame a buscarte a
través de la oración... de tu Palabra... de tu presencia... de
tu Espíritu. Y cuando todo esté ya hecho y dicho, haz que
sea capaz de decir con Pablo: «Todo lo considero pérdida
por razón del incomparable valor de conocer a Cristo Jesús, mi Señor» (Filipenses 3.8 NVI). Amén.

CREADOR (ELOJÍM)

〜〜〜

«Traigan a todo el que me reconoce como su Dios, porque yo los he creado para mi gloria. Fui yo quien los formé».

ISAÍAS 43.7 NTV

Dios, tu Palabra me indica que tú me creaste para tu gloria. ¡Qué increíble pensamiento! Me proporcionaste un propósito desde el momento en que comenzaste a entretejerme en el vientre de mi madre. No tengo por qué preguntarme por qué me colocaste allí. Todos los días que ordenaste para mí fueron escritos en tu libro antes de que ninguno de ellos existiera, y cada uno de esos días se ha proveído *para que* tú puedas ser honrado.

Haz que pueda trabajar *para que* tu nombre sea exaltado.

Haz que pueda interactuar con los demás *para que* puedan verte.

Haz que pueda hablar y pensar *para que* tú te sientas complacido.

Mi oración es que todo lo que haga proporcione una estimación adecuada de quién tú eres: ¡el Dios de toda la creación! Amén.

CREADOR (ELOJÍM)

Cuando pienso en todo esto, caigo de rodillas y elevo una oración al Padre, el Creador de todo lo que existe en el cielo y en la tierra.

EFESIOS 3.14-15 NTV

Oración de Pablo por los creyentes de Éfeso:

«Pido en oración que, de sus gloriosos e inagotables recursos, los fortalezca con poder en el ser interior por medio de su Espíritu. Entonces Cristo habitará en el corazón de ustedes a medida que confíen en él. Echarán raíces profundas en el amor de Dios, y ellas los mantendrán fuertes. Espero que puedan comprender, como corresponde a todo el pueblo de Dios, cuán ancho, cuán largo, cuán alto y cuán profundo es su amor. Es mi deseo que experimenten el amor de Cristo, aun cuando es demasiado grande para comprenderlo todo. Entonces serán completos con toda la plenitud de la vida y el poder que proviene de Dios». (Efesios 3.16-19 NTV).

UNA CORONA DE GLORIA

∞∞

En aquel día Jehová de los ejércitos será por corona de gloria.

ISAÍAS 28.5 RVR1960

Señor, me veo obligada a orar por nuestros esposos, nuestros hijos, nuestros hermanos y nuestros padres. Satanás está haciendo horas extras en nuestra sociedad para minar la función de los hombres, castrarlos y debilitarlos. Por tanto, te pido que fortalezcas a nuestros hombres física, emocional y espiritualmente. Te pido que ellos sean hombres según tu corazón, Señor, que traten con los demás de un modo justo, con amorosa misericordia y que caminen contigo en humildad. Te ruego que sean hombres de integridad —que permanezcan firmes en tu verdad—, sin considerar su reputación, sino corroborando tu carácter. Dios, haz que ellos sean como Jesús, tu Corona de Gloria, que brinden la honra y la atención adecuada a tu nombre. Amén.

Padre

*«Ustedes deben orar así: "Padre nuestro que estás
en el cielo, santificado sea tu nombre"».*

MATEO 6.9 NVI

Padre nuestro. ¡Qué privilegio venir ante ti como una de
tus hijas! Puedo saber con certeza que te pertenezco, porque tu Palabra me indica: «Mas a cuantos lo recibieron, a
los que creen en su nombre, les dio el derecho de ser hijos
de Dios» (Juan 1.12 NVI). Y como hija tuya, soy heredera.
¡Qué pensamiento! Es un argumento de pobre a rico, el
cuento de hadas del príncipe y el mendigo, solo que esto
no es ficción. Porque tú eres Rey, y yo soy tu hija. Me has
bendecido con toda bendición espiritual en los lugares celestiales (Efesios 1.3).

Padre, haz que pueda vivir hoy en ese conocimiento, y
que busque a los demás para compartir con ellos esta dulce relación. Porque estoy segura de que tú quieres tener
más hijos. Te lo pido en tu santo nombre. Amén.

Amigo de pecadores

He aquí un… amigo de publicanos y de pecadores.
Mateo 11.19 rvr1960

No es fácil amar a las personas, ¿verdad Señor? Porque las personas son pecadoras, y los pecados tienen consecuencias, y las secuelas se complican. Admito que a veces me asusta implicarme en los desastres. Involucrarse requiere tiempo, esfuerzo, energía, emoción y dinero. Y a veces soy cínica y dura de corazón. A veces no es más que completo orgullo. Sinceramente, no quiero ser así. Quiero ser como tú, Jesús, una Amiga de Pecadores.

Señor, te pido valor para vencer el temor de implicarme. Te pido compasión para guiar mis interacciones con los demás. Te ruego que me des humildad, al reconocer mi propio desastre en el que tú entraste voluntaria y amorosamente.

Te pido que pueda amar a las personas, a través de tu Espíritu, del modo en que tú lo haces, incluso cuando las cosas se compliquen. Amén.

DIOS DE TODA CONSOLACIÓN

Alabado sea el Dios y Padre de nuestro Señor Jesucristo,
Padre misericordioso y Dios de toda consolación.

2 CORINTIOS 1.3 NVI

Padre de misericordias, te pido por mis amigos que están experimentando grandes aflicciones y dificultades. Están débiles, cansados y dolidos. Están física, emocional y espiritualmente agotados. Sin embargo, tu nombre proporciona gran esperanza, ¡así que invoco ahora mismo ese nombre! Dios de Toda Consolación, sé tú el consuelo que mis amigos necesitan. Envuélvelos en tus brazos de amor. Haz que sientan tu cercanía. Dales descanso y alivio... permite que tengan un respiro del dolor y de la lucha.

Señor, te ruego también que instes a tu pueblo a ser tus manos y tus pies para estas personas. Muéstranos cómo podríamos atender sus necesidades y ofrecer apoyo. Sé que he sido el recipiente de tu consolación y tu cuidado; permite que ahora yo me mueva a ese mismo ritmo. Amén.

Dios del cielo (Elojím Shamáyim)

Cuando oí esto, me senté a llorar. De hecho, durante varios días estuve de duelo, ayuné y oré al Dios del cielo.

NEHEMÍAS 1.4 NTV

La oración de Nehemías antes de pedirle permiso al rey Artajerjes (su jefe) para poder ir a Jerusalén y ayudar a su pueblo a reconstruir el muro:

«Oh Señor, Dios del cielo, Dios grande y temible que cumples tu pacto de amor inagotable con los que te aman y obedecen tus mandatos, ¡escucha mi oración! Mírame y verás que oro día y noche por tu pueblo Israel. Confieso que hemos pecado contra ti. ¡Es cierto, incluso mi propia familia y yo hemos pecado! Hemos pecado terriblemente al no haber obedecido los mandatos, los decretos y las ordenanzas que nos diste por medio de tu siervo Moisés...».

»El pueblo que rescataste con tu gran poder y mano fuerte es tu siervo. ¡Oh Señor, te suplico que oigas mi oración! Escucha las oraciones de aquellos quienes nos deleitamos en darte honra. Te suplico que hoy me concedas éxito y hagas que el rey me dé su favor. Pon en su corazón el deseo de ser bondadoso conmigo» (Nehemías 1.5-7, 10-11 NTV).

Dios de nuestros antepasados

«Señor, Dios de nuestros antepasados,
¿no eres tú el Dios del cielo?...»

2 Crónicas 20.6 nvi

Oración de Josafat al enterarse del inminente ataque de un ejército enemigo:

«Señor, Dios de nuestros antepasados, ¿no eres tú el Dios del cielo, y el que gobierna a todas las naciones? ¡Es tal tu fuerza y tu poder que no hay quien pueda resistirte! ¿No fuiste tú, Dios nuestro, quien a los ojos de tu pueblo Israel expulsó a los habitantes de esta tierra? ¿Y no fuiste tú quien les dio para siempre esta tierra a los descendientes de tu amigo Abraham? Ellos la habitaron y construyeron un santuario en tu honor, diciendo: «Cuando nos sobrevenga una calamidad, o un castigo por medio de la espada, o la peste o el hambre, si nos congregamos ante ti, en este templo donde habitas, y clamamos a ti en medio de nuestra aflicción, tú nos escucharás y nos salvarás... Dios nuestro, ¿acaso no vas a dictar sentencia contra ellos? Nosotros no podemos oponernos a esa gran multitud que viene a atacarnos. ¡No sabemos qué hacer! ¡En ti hemos puesto nuestra esperanza!» (2 Crónicas 20.6-9, 12 nvi).

El Dios que hace maravillas

∞∞∞

*Tú eres el Dios que hace maravillas; hiciste
notorio en los pueblos tu poder.*

SALMOS 77.14 RVR1960

Padre todopoderoso, ¡eres el Dios que hace maravillas!
Y me pregunto... si yo hubiera vivido en los tiempos
de Moisés, ¿habría creído que fuiste tú quien hizo que
el Nilo se convirtiera en sangre? Si hubiera conocido al
profeta Elías, ¿habría reconocido que fuiste tú quien lo
alimentó de pan y carne por medio de los cuervos? Si mis
contemporáneos incluyeran a Sadrac, Mesac y Abednego,
¿te habría reconocido a ti caminando en el horno de fuego con ellos? Si hubiera sido testigo de primera mano de
aquel Lázaro, muerto durante cuatro días, que salió de la
tumba, completamente vivo, ¿habría entendido que Jesús
generó esa resurrección?

Señor, recientemente participé en un bautismo. Vi a
una joven señorita sumergirse en una tumba de agua y
salir con el puño en alto y un «¡Aleluya!». *Sé* que tú eres
el Dios que hizo maravillas a lo largo de todo el antiguo Testamento y que, aún hoy, ¡eres el Dios que hace
maravillas!

Señor, creo. Ayuda a mi incredulidad. Amén.

BUEN PASTOR (JEHOVÁ – RAÁ)

«Yo soy el buen pastor; el buen pastor su vida da por las ovejas».

JUAN 10.11 RVR1960

Buen Pastor, te pido que sigas cuidando de mis hijos. Provee consuelo, alivio, estabilidad y seguridad a estos niños que siempre tendrán mi corazón. Te pido que tengan felicidad, salud, un matrimonio sólido, y buenos trabajos. Pero sé que la felicidad y el alivio no son tus objetivos finales para ellos; la santidad es tu diseño más alto. Sinceramente, yo también quiero eso para ellos, pero me doy cuenta de que a veces resulta doloroso y duro conseguir ese final.

Por ello clamo a ti, mi Buen Pastor, porque el Buen Pastor da su vida por las ovejas. Puedo contar contigo para que los cuides, los consueles y los protejas, a la vez que haces lo necesario para criar ovejas fuertes.

Señor, amo a estas preciosas criaturas... pero sé que tú las amas más. Te pido que sigas cuidándolas. Amén.

Un grano de trigo

~~~~~~

Jesús les respondió diciendo: «Ha llegado la hora para que el Hijo del Hombre sea glorificado. De cierto, de cierto os digo, que si el grano de trigo no cae en la tierra y muere, queda solo; pero si muere, lleva mucho fruto».

Juan 12.23-24 rvr1960

Jesús, anhelo ser más como tú. Esta descripción que te representa como un Grano de Trigo, ejemplifica lo que es necesario. ¡Un grano de trigo es algo tan pequeño! Casi no se puede agarrar entre los dedos sin que se nos caiga, ¡y sin embargo se asocia con tu gloria! Es necesario que un grano de trigo muera y sea enterrado para que dé fruto. Y tú, como el grano de trigo, padeciste ambas cosas. ¿El resultado? ¡Una producción continua de fruto!

Por tanto, Jesús, si tengo que ser más como tú, yo también debo morir, morir a mí misma y morir a este mundo. Haz que me involucre más en el negocio de brindarte gloria, mediante la producción de mucho fruto por medio de tu nombre, y que siga tu ejemplo. Amén.

Cabeza de todas las cosas

Dios ha puesto todo bajo la autoridad de Cristo, a quien hizo cabeza de todas las cosas para beneficio de la iglesia.

Efesios 1.22 NTV

Dios, me encanta que seas un Dios de orden y de propósito. Colocaste a Jesús por encima de todas las cosas para beneficio de tu iglesia. Tu deseo es presentarle a tu iglesia como una novia hermosa y radiante. Como parte de esa iglesia, te pido que yo pueda sumar a la hermosura de tu novia sometiéndome a Cristo como la Cabeza.

Cuando mi propia carne egoísta y mis modos orgullosos surjan, te ruego que me fortalezcas para crucificarlos para tu gloria.

Cuando intente usurpar tu lugar de autoridad de pleno derecho, te pido que me humilles para que tú puedas ser exaltado.

Cuando me salga de los límites de tu plan, te pido que me reconduzcas por amor a tu nombre.

Oh Cristo, Cabeza de todas las cosas, me someto a tu autoridad en este día. Gracias por permitirme ser parte de tu novia amada. Amén.

El Santo de Dios

«¿Por qué te entrometes con nosotros, Jesús de Nazaret? ¿Has venido a destruirnos? ¡Yo sé quién eres: el Santo de Dios!»

MARCOS 1.24 NTV

Jesús, esta declaración —respecto a que tú eres el Santo de Dios— salió de los labios de alguien poseído por un espíritu inmundo. Cabría pensar que la simiente de Satanás es una fuente extraña para dar testimonio de tu gloria. ¡Pero la verdad no se puede negar ni condenar! Tú declaraste que, de ser necesario, hasta las piedras clamarían en alabanza a ti (Lucas 19.40).

La pregunta condenatoria —como hija tuya— es: ¿cuánto más debería gritar esta verdad a un mundo oscuro y moribundo? Jesús, tú eres el Santo de Dios que tiene poder sobre Satanás. Has liberado cautivos, les has abierto los ojos a los ciegos, has hecho que los sordos oigan y que los paralíticos caminen. Sé que tú puedes abrir la boca de esta que a veces está en silencio. ¡Afloja mis labios para declarar tu alabanza! No quiero que las fuerzas demoníacas ni las piedras hagan el trabajo que yo debería estar pidiendo a gritos hacer. Te lo ruego en tu poderoso nombre, Jesús. Amén.

Yo soy (Jehová Yahvé)

*Pero Moisés volvió a protestar: «Si voy a los israelitas y les digo.
"El Dios de sus antepasados me ha enviado a ustedes", ellos me
preguntarán: "¿Y cuál es el nombre de ese Dios?". Entonces, ¿qué
les responderé?». Dios le contestó a Moisés: «Yo soy EL QUE SOY.
Dile esto al pueblo de Israel: "Yo soy me ha enviado a ustedes"».*

ÉXODO 3.13-14 NTV

¡Vaya nombre! Yo Soy.

Y como tú eres el Yo Soy, esto debe de significar que
yo no lo soy. Señor, cuando pongo esto en perspectiva,
resulta humillante, pero también liberador. Tú eres quien
tiene el control, no yo. Actúo como si fuera yo, ¿verdad?
Tomo las riendas y pienso que yo sé más que tú. Sin embargo, eres tú quien tiene un gran plan y una visión panorámica, mientras que yo solo contemplo la escena a través
del simple ojo de la cerradura. Ayúdame a confiar más en
ti. Después de todo, Tú ERES Dios. No yo. Amén.

Intercesor

〰️

*Además, el Espíritu Santo nos ayuda en nuestra debilidad.
Por ejemplo, nosotros no sabemos qué quiere Dios que le
pidamos en oración, pero el Espíritu Santo ora por nosotros
con gemidos que no pueden expresarse con palabras.*

Romanos 8.26 ntv

Espíritu Santo, se diría que nosotros, los cristianos, te hacemos ocupar el asiento trasero en la Trinidad. ¡Pero tú eres Dios! Te alabo por ser Dios. Te alabo por tu función en nuestro mundo y en mi vida. ¡Qué asombroso es pensar que tú, el Espíritu de Dios que conoce la mente divina, habites dentro de mí, me diriges, me guías, me consuelas, me enseñas, condenas, instas y oras por mí!

Gracias por ser mi Intercesor. Cuando no sé qué decir ni cómo orar, ¡puedo confiar en que tú llevas mis necesidades ante el trono de la gracia! Mi oración es que yo no te entristezca nunca. Que no te apague. Más bien te ruego que agites tu fuego dentro de mí para que yo piense, me mueva y actúe con santa valentía.

Haz que sea consciente, te lo ruego, de tu presencia en todos mis momentos, y que descanse en ti, porque tú intercedes a mi favor. Amén.

Rey sobre toda la tierra (Mélek)

El Señor será rey sobre toda la tierra.

Zacarías 14.9 NTV

Señor, muchos líderes políticos, presidentes de empresas y personas que se han situado en posiciones de autoridad se burlan de la idea de tu existencia. Las conversaciones en las cafeterías, los diálogos cómicos en televisión y las conversaciones entre quienes se han autonombrado expertos, niegan tu existencia. Y mi reacción visceral es como la de Santiago y Juan. ¡que hagas llover fuego del cielo sobre ellos! Pero al conocer tu corazón, aunque solo sea un poco, sé que mi petición debe ser otra. Te pido que abras sus ojos para que puedan verte a ti, al Rey sobre toda la tierra. Te suplico que puedan ser salvos por ti, oh misericordioso Rey de gloria.

Rey sobre toda la tierra, gracias por abrir mis ojos a ti. Haz que pueda ser un heraldo para aquellos que están cerca de ti y para los que están lejos; ¡ser una defensora de tu causa! Te pido que yo pueda seguir tu ejemplo al mostrar amor y dar gracia, en lugar de visceralidad, a todas las personas en todo lugar. Amén.

Un líder

«*Vean cómo lo usé a él para manifestar mi poder entre los pueblos; lo convertí en un líder entre las naciones*».

ISAÍAS 55.4 NTV

¡Me encanta que me guíes, Señor! Me encanta que tengas un plan mucho mayor que cualquiera que yo pudiera elaborar para mí. Me encanta que tengas un propósito mayor, no solo para mí, sino para toda tu creación. Me encanta que seas digno de confianza, ¡tu historial así lo demuestra! Y me encanta que me ames, así que confío plenamente en ti.

Haz que te pueda seguir deseosa, dondequiera que tú me guíes hoy.

Haz que pueda representarte bien ante cualquiera que tú pongas en mi camino.

Haz que cualquier circunstancia que tú permitas en mi vida, pueda atravesarla para tu gloria.

Amén.

El lirio de los valles

«Yo soy la rosa de Sarón, y el lirio de los valles».

CANTARES 2.1 RVR1960

La flor más dulce, hermosa y exquisita que el ojo ha visto jamás es el lirio de los valles; está oculta excepto para los ojos de quienes la buscan. Así eres tú, Señor. Haz que yo te busque cuando ande por los valles, porque tú prometes que, si se te busca, se te encuentra. Tú prometes que hay gran recompensa en la búsqueda.

Señor, creo que existes. Me acerco a ti. Te ruego que mi búsqueda te agrade. Aquí está mi corazón, oh Señor. Es completamente tuyo. Amén.

El Dios vivo

Porque ellos mismos cuentan de nosotros la manera en que nos recibisteis, y cómo os convertisteis de los ídolos a Dios, para servir al Dios vivo y verdadero.

1 Tesalonicenses 1.9 rvr1960

Señor, son tantos lo que en nuestro mundo buscan la verdad, pero han sido engañados por Satanás, el padre de las mentiras. Han sido inducidos a pensar que adorar a un profeta muerto o seguir a un ídolo fabricado por el hombre llenará, de algún modo, el vacío de sus vidas que tiene la forma de Dios. Te pido por ellos, Señor. Ruego que se caigan las vendas de sus ojos y te vean a ti, ¡el Dios vivo y verdadero! El Dios que abolió la muerte y trajo bajo el foco de luz la vida y la inmortalidad, a través del Evangelio (2 Timoteo 1.10).

Tú eres el Dios al que no se puede construir ni contener.

Tú eres el Dios que vivió y que aún hoy vive.

Tú eres el Dios de la verdad que transforma las vidas.

Tú estás vivo. Estás activo. ¡Tú eres Dios!

Te pido que el mundo te conozca y cambie por ti. Amén.

EL QUE VIVE

«Yo soy el que vive. Estuve muerto, ¡pero mira! ¡Ahora estoy vivo por siempre y para siempre! Y tengo en mi poder las llaves de la muerte y de la tumba».

APOCALIPSIS 1.18 NTV

Jesús, duele vivir en este mundo. Perdemos a nuestros seres queridos, y discrepamos con tu tiempo. No podemos entender por qué son apartados de nosotros. Nos aflige y nos duele, y deseamos abrazarlos de nuevo, hablar con ellos una vez más, o ver su rostro. Y te cuestionamos.

En momentos así, Señor, te pido que me ayudes a saber que tú eres El que vive. La muerte también puso la mira en ti, intentó acabar con tu gobierno y con tu reino. ¡Pero tú venciste a la muerte! ¡Te levantaste de nuevo! ¡Estás vivo, hoy y para siempre!

Jesús, gracias a ti existe la esperanza de un intercambio, lo perecedero por lo imperecedero; la mortalidad por la inmortalidad. Gracias a ti tengo una visión más amplia, y puedo clamar con valentía: «Oh muerte, ¿dónde está tu victoria? Oh muerte, ¿dónde está tu aguijón?» (1 Corintios 15.55 NTV).

Y gracias a ti, incluso en medio de la aflicción más total, puedo alzar mis brazos y decir... ¡a ti sea la alabanza, Jesucristo, Aquel que vive!

El Señor es paz (Jehová – Shalom)

*Entonces Gedeón construyó allí un altar
al Señor, y lo llamó «El Señor es la paz».*

Jueces 6.24 nvi

Señor, la confusión reina hoy en nuestro mundo. El conflicto es un cáncer. La idea de paz parece poco razonable... inalcanzable. El odio entre las naciones, las razas y los partidos políticos dan lugar a toda clase de males. La disensión, la hostilidad y la discordia se propagan de continuo, rebasan los confines de la tierra, y cercan los límites de nuestros propios hogares. ¡El mundo necesita con urgencia una cura!

Jehová Shalom mío, ¡te pido que tú seas esa cura! Tú eres el Señor, nuestra Paz, la fuente de toda paz. Te rogamos que abras nuestros corazones para que puedas reinar y gobernar. Haz que entendamos que tu paz es mayor que la mera ausencia de conflicto; tu paz trae integridad, completitud, bienestar y perfección. Señor, tú nos has extendido paz por medio de Jesús, el Príncipe de Paz. Te pido que aceptemos su ofrenda, y cedamos en nuestra reivindicación del conflicto. Porque solo en el sometimiento experimentaremos el verdadero shalom. Amén.

EL SEÑOR ES MI ESTANDARTE
(JEHOVÁ-NISSÍ)

~~~~~~

*Moisés edificó un altar y lo llamó «El SEÑOR es
mi estandarte». Y exclamó: «¡Echa mano al
estandarte del SEÑOR! ¡La guerra del SEÑOR contra
Amalec será de generación en generación!».*

ÉXODO 17.15-16 NVI

Señor, ¡tú eres tan verdadero, tan fiel, tan digno de confianza! Tú eres Aquel que abrió el camino y proveyó
el sacrificio de Jesús, tu Hijo al que tú amabas. Tú eres
quien ha preparado el plan, quien actuó según ese plan,
y siguió adelante con él. Aun así, tú lo has hecho todo;
lo único que me pides es obediencia a la verdad perfecta. Estoy aprendiendo que la obediencia es mejor que el
sacrificio, porque donde ha habido obediencia, ¡no hay
necesidad de sacrificio!

Dios, Amalec está en guerra. La carne lucha contra
tu Espíritu en mí a diario, y vivo una vida tan derrotada
por no concentrarme en tu norma. Mi oración es que yo
tenga tu victoria contra la carne esta semana. Ayúdame a
establecer mi mente en las cosas de arriba y a enfocarme
en ti, Jehová-Nissí, ¡el Señor, mi Estandarte! Amén.

Señor

〜〜〜

Y dijo el Señor: «¿Quién es el mayordomo fiel y
prudente al cual su señor pondrá sobre su casa,
para que a tiempo les dé su ración?»

LUCAS 12.42 RVR1960

Señor, como Señor y amo de todas las cosas, nos has
confiado la función de mayordomos, y nos has encomen-
dado que administremos con fidelidad aquello que nos
has dado. El apóstol Pablo escribió que su objetivo era
agradarte (2 Corintios 5.9). Señor, mi objetivo también es
agradarte como administradora tuya.

Es mi oración que pueda agradarte con mi tiempo,
que emplee cada momento y mantenga una mentalidad
de reino.

Ruego poder agradarte con mi talento, liberar cada
miedo o cada fracaso anterior que puedan entorpecerme
para tomar las oportunidades que pones en mi camino.

Suplico poder agradarte con mi tesoro, sabiendo que
incluso el ganado de mil montes te pertenece. Conforme
me guías a dejar ir cosas para tu Gloria, te pido que me
ayudes a actuar así con grandes expectativas, sabiendo que
tú tienes mayores bendiciones reservadas.

Señor, ruego que tú me halles fiel. Señor, mi oración
es agradarte. Amén.

EL ALTÍSIMO (EL ELIÓN)

❧

«El Altísimo gobierna el reino de los hombres».

DANIEL 4.17 RVR1960

Jesús, quiero levantar hoy a nuestra nación. La ansiedad es alta; la moralidad es baja. La seguridad es un problema y la protección es esquiva. Resulta fácil criticar, quejarse e intentar señalar la culpa, pero tú has ordenado que oremos. Así que levanto ante ti a los líderes de nuestra tierra. Te pido que tengan el convencimiento de buscarte. Te ruego que deseen tu sabiduría y que se humillen bajo tu mano poderosa. Que lideren con esa sabiduría, y busquen el bienestar de la nación. Te suplico que impartan justicia en nuestra tierra, honren a las personas de integridad y castiguen a los malhechores. Y te pido unidad. El conflicto político y la lucha religiosa están elevados en este momento, y mi oración es que tú unas a las personas en armonía.

Señor, tú eres el Dios Altísimo, estableces reyes y los destituyes. Eres más alto y más poderoso que cualquier líder del mundo, diriges los corazones según tu deseo. Te pido, por tanto, tu voluntad para nuestros líderes y confío en ti ya que tú pongas en su lugar a los hombres y mujeres que hacen lo que tú requieres. Amén.

MI CONFIANZA

*Tú, Soberano Señor, has sido mi esperanza;
en ti he confiado desde mi juventud.*

SALMOS 71.5 NVI

Padre Dios, a veces nos ponemos «ahí afuera» en el ministerio, de una forma que nos expone ante los demás. Sinceramente, da un poco de miedo abrirse a la posibilidad de ser abatido por las objeciones puntillosas y la crítica.

Por tanto, ¡en este momento mi oración es que tú seas mi Confianza! Te entrego mis inseguridades, y confío en ti los resultados. Sé que me has llamado a salir de mi zona de confort, así que tomo esos pasos en obediencia. Gracias por el estímulo del apóstol Pablo; puso las cosas en perspectiva cuando declaró: «Pues, ¿busco ahora el favor de los hombres, o el de Dios? ¿O trato de agradar a los hombres? Pues si todavía agradara a los hombres, no sería siervo de Cristo» (Gálatas 1.10 RVR1960). Señor, ¡quiero agradarte a ti, no al hombre!

Padre, gracias por llamarme a servirte. ¡Gracias por ser mi Confianza! Amén.

Mi gloria

—∞∞∞—

Pero tú, oh Señor, eres un escudo que me rodea; eres
mi gloria, el que sostiene mi cabeza en alto.

SALMOS 3.3 NTV

Señor, la gloria es tu santidad hecha pública. Por tanto,
si tú eres mi Gloria, ¡eso significa que tu santidad puede manifestarse a través de mí! Qué humilde idea... que
pudieras usarme a mí, que soy un desastre, para darte a
conocer al mundo.

Te pido hoy que ya no viva yo, sino Cristo en mí.
Te suplico que la vida que vivo te brinde honra. Que tu
santidad se haga pública hoy en mi familia, a través de
mi trabajo, en mi comunidad, y a través de mi pequeño
mundo, ¡porque tú eres mi Gloria! Amén.

Mi alabanza

Bendeciré a Jehová en todo tiempo; su alabanza estará de continuo en mi boca.

Salmos 34.1 RVR1960

Señor, hoy es un nuevo día. Un día original que jamás se repetirá. Un día lleno de nuevas misericordias y nuevos comienzos. Tengo por delante horas, minutos y momentos llenos de oportunidades de alabarte. Te pido que tome la mayoría de esos instantes, no para beneficio mío, sino para tu gloria. Mantén mi corazón humilde, mis ojos elevados y mis manos alzadas hacia el cielo. Haz que muestre mi pasión por tu nombre. Sea lo que sea que depare el día, Señor, estoy convencida de que...

Las circunstancias no evitarán tu presencia. Las personas no impedirán tu alabanza. La preocupación no debilitará tu poder.

Señor, haz que yo sea hoy un escaparate para tu nombre, porque tú eres mi alabanza ¡y nadie es más digno que tú! Amén.

Nuestro Guardador

—∞∞∞—

«Cuando estaba con ellos en el mundo, yo los
guardaba en tu nombre; a los que me diste».

JUAN 17.12 RVR1960

Jesús, como niños oramos: «Ahora me acuesto para dormir, le pido al Señor que guarde mi alma». Nuestras mentes infantiles no lo comprenden, pero orar a ti para que me «guardes» ¡es una oración poderosa! Por tanto, ahora ya adulta, te vuelvo a pedir que guardes...

mis pies para que no se dirijan hacia el mal
mis labios para que no hablen mentiras
mis manos para que no estén inactivas
mi mente de las cosas de la tierra

Gracias, Salvador mío, por guardarme.

«Y ahora, que toda la gloria sea para Dios, quien es poderoso para evitar que caigan, y para llevarlos sin mancha y con gran alegría a su gloriosa presencia» (Judas 1.4 NTV). Amén.

Nuestro Alfarero

A pesar de todo, Señor, tú eres nuestro Padre; nosotros somos el barro, y tú el alfarero. Todos somos obra de tu mano.

Isaías 64.8 NVI

Remodela y haz de nuevo.
Haz lo que sea necesario,
yo confío en mi Alfarero.

Soy un montón de barro;
tú eres el gran artesano.
Moldéame con tus manos.

El Vencedor

«Yo he vencido al mundo».

JUAN 16.33 NVI

Antes de dirigirse a la cruz, Jesús pronunció estas palabras: «Yo he vencido al mundo».

Antes de padecer un sufrimiento inimaginable, Jesús afirmó confiadamente: «Yo he vencido al mundo».

Antes de ser clavado a la cruz, *antes* de dar su vida, *antes* de yacer muerto en la tumba, *antes* de levantarse de entre los muertos, Jesús declaró: «Yo he vencido al mundo».

¿Por qué? ¡Porque lo hiciste realmente!

Señor, *antes* de enfrentarme a las pruebas que se me presenten, a las tribulaciones que se crucen en mi camino y a las experiencias que puedan sacudir mi mundo, te ruego que me ayudes a recordar tu nombre. ¡Vencedor! ¿Por qué? ¡Porque lo eres! ¡Tú has vencido al mundo! ¡Y en ti tengo segura la victoria! Amén.

El Médico

Jesús continuó: «Seguramente ustedes me van a citar
el proverbio: "¡Médico, cúrate a ti mismo!"».

LUCAS 4.23 NVI

Jesús, mi hija está enferma ¡y necesito que intervengas! Eres el poderoso obrador de milagros. Cuando caminaste por esta tierra sanaste al enfermo, hiciste que el cojo saltara, que el ciego viera, que el sordo oyera. Expulsaste demonios ¡y hasta levantaste a los muertos! No tengo la menor duda de que hoy también obras milagros; sin embargo, ¡se diría que me los estoy perdiendo!

Abre mis ojos para que te vea. Sigue recordándome que no solo eres el Gran Médico, si no el mayor de todos. Curaste la enfermedad más fatal de todas —el pecado— por medio de tu muerte, de tu sepultura y de tu resurrección. Perdóname por dudar o cuestionar tus formas. Perdóname por no confiar en ti respecto a mi preciosa niña. Ella también es preciosa para ti... y tan infinitamente amada que tú entregaste tu propia vida por ella. ¡Oh Jesús, el Gran Médico, obra tus milagros en su vida! Yo confío en ti. Amén.

El poder de Dios

Cristo es el poder de Dios.

1 Corintios 1.24 nvi

¡Más fuerte que los vientos huracanados, y más poderoso que un torrente furioso, es tu poder, oh Señor! Dinámico. Influyente. Intrínseco. Dominante.

Obras milagros. Mueves montañas. Calmas tormentas. Das vida. ¡Y el poder que utilizas para conseguir la victoria sobre Satanás es el mismo poder que me has dado a mí! Entonces ¿por qué vivo con una mentalidad tan derrotista? ¿Por qué permito cualquier avance de Satanás?

En el nombre de Jesucristo, el Poder de Dios, ¡declaro hoy la victoria! Oro por la victoria sobre mis pensamientos, mis actos, mis interacciones y mis palabras. Oro por la victoria sobre las tentaciones que obtienen mi atención. ¡Te pido que se deshaga cualquier fortaleza que Satanás tenga sobre mi familia! Oro por todos tus seguidores, para que podamos tener la valentía de compartir tus buenas nuevas y dar a los demás la victoria sobre el pecado. Te pido la victoria para tu iglesia y tu pueblo; ¡que las puertas del infierno no prevalezcan! Porque tú, Jesús, ¡eres el poder de Dios! Gracias porque como hija tuya puedo conectarme a tu poder, y vivir en victoria. Amén.

Profeta, Poderoso en
OBRA Y EN PALABRA

Entonces él les dijo: «¿Qué cosas? Y ellos le dijeron: De Jesús nazareno, que fue varón profeta, poderoso en obra y en palabra delante de Dios y de todo el pueblo».

LUCAS 24.19 RVR1960

Oh Jesús, Poderoso Profeta, tus obras y tu Palabra declaran la verdad. ¡Tú eres el único Salvador! Como ocurrió cuando caminaste por esta tierra, algunos aceptan esta verdad mientras que otros la rechazaron. Cuando se ven cara a cara contigo, el Dios vivo, algunos te odian, mientras que otros te adoran. Independientemente de nuestra respuesta, ¡tú sigues siendo Dios!

Poderoso en la vida.

Poderoso en la muerte.

Poderoso en la resurrección.

Tú profetizaste tu vida, tu muerte y tu resurrección mucho antes de que tuviera lugar, y estableciste tu plan de salvación desde el principio, has proclamado tu poder a todas las personas en todo tiempo.

¡Señor, mi oración es poder responder con asombro y aceptación continuos! Abre mis ojos espirituales como hiciste con los discípulos en el camino a Emaús. Profundiza mi entendimiento respecto a tus obras y tu Palabra. Intensifica mi fe para tu gloria. Amén.

Refinador (Tsaráf)

⚬⚬⚬

«Se sentará como un refinador de plata y quemará la escoria.
Purificará a los levitas, refinándolos como el oro y la plata,
para que vuelvan a ofrecer sacrificios aceptables al Señor».

Malaquías 3.3 ntv

Este proceso de refinado apesta, Señor. No en el sentido del olfato, sino de una forma no solo duele con dolor físico, sino con un corazón apesadumbrado. Me enfrento a incertidumbres, y no tengo ni idea de hacia dónde me estás dirigiendo. He sido criticada, se han cuestionado mis motivos, incluso cuando estoy sirviendo de ofrenda para ti. Y la espera es agotadora, las dudas desalentadoras.

Pero esto sé, ¡que tú estás por nosotros (Salmos 56.9)! Estás consumiendo la escoria de mi vida para que tu reflejo se pueda ver con facilidad. Si tú requieres de mí más espera, más dudas, más críticas y mayor entrega, que así sea, Señor. Y aunque apeste y duela, yo confío en que tú sabes lo que estás haciendo para que me parezca más a Jesús.

¡Oh Dios refinador, haz tu voluntad en mí! Confío en ti. Amén.

RESTAURADOR

—∞∞—

Confortará mi alma; me guiará por sendas
de justicia por amor de su nombre.

SALMOS 23.3 RVRI960

Exhausta. Así me siento. Parece que todo el mundo necesita algo de mí, y me estoy quedando vacía. Mis emociones están altas y mi energía baja, y tengo urgencia por recibir renovación. Por tanto, Señor, incluso cuando murmuro contra ti, lo hago con gran expectación, sabiendo que tú me recargarás y me renovarás. Volverás a insuflar vida en mi ser interno. Tú eres mi Restaurador. Ni mi esposo ni mis hijos, ni mi familia, ni mis amigos, nadie puede restaurar como tú. Ni la medicina ni el dormir, ni comer ni retirarme, nada puede reavivar mi alma como lo haces tú. Por tanto, vengo a ti, espero en ti y descanso en tus capaces manos. Restáurame, Señor. Amén.

Gobernador (Mashál)

«Pero de ti, Belén Efrata… saldrá el que gobernará
a Israel; sus orígenes se remontan hasta la
antigüedad, hasta tiempos inmemoriales».

Miqueas 5.2 nvi

Jesús, toda la autoridad en el cielo y en la tierra te ha sido dada a ti. Aun así, yo vivo bajo la falsa ilusión de que, de alguna manera, soy yo quien dirijo mi propio pequeño mundo. Sin embargo, tu Palabra afirma que, como hija tuya, he sido crucificada contigo y ya no vivo yo, sino que vives tú en mí.

Por tanto, se diría una vez más que necesito una comprobación de realidad, un inventario de los ámbitos que necesitan ser crucificados y situados bajo tu autoridad. Ámbitos como:

Mis finanzas; todo es tuyo, Señor; ayúdame a no aferrarme a las cosas que tú has permitido que yo administre.

Mi actitud; quejarme y criticar no reflejan tu gobierno en mi vida; ayúdame a darte hoy las gracias en todas las circunstancias.

Mis relaciones; tú sabes que estoy orientada a las tareas, Jesús, y que las relaciones me resultan difíciles; ayúdame a mostrar amor por ti amando a los demás.

Gobierna y reina en mi vida hoy, Señor. ¡Te pido esto en el nombre de Jesús, Gobernador del cielo y de la tierra! Amén.

Una sombra que protege del calor

Porque tú has sido… una sombra contra el calor.

ISAÍAS 25.4 NVI

Padre Dios, tú nos pides que nos acordemos de aquellos que están en prisión, y de los que son maltratados, ya que todos somos parte del cuerpo. Por tanto, Señor, quiero levantar a mis hermanos y hermanas cristianos por todo el mundo que soportan una dura persecución. Por mencionarte a ti como Señor, sufren palizas brutales, desmembramiento, violación, encarcelamiento y hasta la muerte. Como Pablo, ¡llevan en sus cuerpos la marca de Jesucristo!

Señor, sé que hay una corona de vida aguardándolos, una recompensa eterna. Sin embargo, mientras permanecen aquí, yo te ruego que les des consuelo. Sé tú una Sombra, Padre, un respiro del intenso calor al que se están enfrentando. Alivia su dolor como solo tú puedes hacerlo. Amén.

Una Espada afilada

Hizo de mi boca espada afilada.

Isaías 49.2 BLP

Jesús, a lo largo de toda la Biblia se te describe como el Verbo de Dios, que pronuncia palabras de paz, de consuelo y de poder a tu pueblo. Pero tu Palabra también habla de una Espada afilada, una hoja pulida que «penetra entre el alma y el espíritu, entre la articulación y la médula del hueso. Deja al descubierto nuestros pensamientos y deseos más íntimos» (Hebreos 4.12 NTV). Tu Palabra es viva y poderosa.

Te pido que tu Palabra esté viva en mí, activa en mi vida. Corta los ámbitos que estorben a tu santidad. Usa tu Espada afilada como un escalpelo, quita todo lo que sea contrario a Cristo. Te ruego que me conformes a tu imagen por medio de tu Palabra... y haz que yo pueda responder como Samuel: «Habla, Señor, que tu siervo escucha» (1 Samuel 3.9 NTV). Amén.

Un Escudo

❧

Pero tú, oh Señor, eres un escudo que me rodea; eres
mi gloria, el que sostiene mi cabeza en alto.

SALMOS 3.3 NTV

Jesús, hoy ruge una batalla espiritual. Como la mayoría de los días, Señor, estoy viviendo mi vida cotidiana, corriente, en medio de pensamientos de descontento, avaricia, envidia, orgullo, enojo, lujuria, desaliento y una hueste de degenerados diversos acuden como soldados que se presentan para el servicio, ¡solo que estas son tropas sin escrúpulos! Por ello, Señor, clamo a ti para que tú seas mi Escudo y mi protector. Necesito que tú libres batalla por mí. ¡Toma cautivo a este batallón de pensamientos reprobados y hazlos obediente a tu señorío! (2 Corintios 10.5)

Gracias te doy porque puedo correr a la torre fuerte de tu nombre, donde hallo protección y seguridad. Amén.

Una Estrella

«Lo veo a él, pero no aquí ni ahora. Lo percibo, pero lejos, en un futuro distante. Una estrella se levantará de Jacob; un cetro surgirá de Israel».

NÚMEROS 24.17 NTV

Señor, en un viaje misionero a Haití visité un poblado en lo alto de la montaña, muy alejado de cualquier cosa que tuviera aires de civilización. No teníamos agua limpia. Ni inodoros con cisterna. Ni electricidad. La oscuridad de la noche caía e intensificaba los sonidos de criaturas extrañas y de las lejanas ceremonias de vudú. Desprovista de las luces de la ciudad, la negrura de nuestro entorno me producía aprensión... es decir, hasta que alcé mis ojos. ¡Nunca había visto nada igual en mi vida! ¡El fulgor extremo de las estrellas por encima de mi cabeza me sorprendió con la guardia bajada, y me dejó boquiabierta!

Jesús, no estoy segura de por qué ha acudido de repente este recuerdo a mi memoria justo ahora; tal vez me estés recordando que tú eres la luz resplandeciente en medio de este mundo oscuro. Tú brillas, radiante, sin nada que atenúe tu fulgor, y estás listo para guiar. Ayúdame hoy a levantar mis ojos a ti. Ayúdame a ver tu absoluto fulgor, ¡Oh Dios, Estrella mía! Amén.

FORTALEZA AL POBRE Y AL MENESTEROSO

*Porque fuiste fortaleza al pobre, fortaleza
al menesteroso en su aflicción.*

ISAÍAS 25.4 RVR1960

Jesús, tú sabes lo que es caminar una milla en nuestros zapatos. Sentiste lo que nosotros sentimos, y experimentaste lo mismo que nosotros. Abandonaste tu trono por un pesebre. Cambiaste tu corona por espinos. Rebajaste tu posición para que la mía pudiera elevarse. ¡Qué intercambio tan poco equitativo!

Justo ahora me siento débil y necesitada. En estos momentos clamo a ti —porque sé que me entiendes— y suplico el intercambio que yo sé que tú das de buen agrado. Señor, te suplico que quites esta debilidad y que me insufles tu fuerza. Haz que pueda levantar vuelo con alas como las águilas. Que corra y que no me fatigue. Espero en ti, Oh Señor, Fuerza mía. Amén.

Una torre firme

El nombre del Señor es una fortaleza firme;
los justos corren a él y quedan a salvo.

PROVERBIOS 18.10 NTV

Firme. Fortificada. Disponible. Una torre más alta que el enemigo. Un puerto seguro donde guarecerse de la tormenta. Un lugar de refugio y descanso. Eso eres tú; es quien tú eres. Aunque veo tu santuario que sobresale por encima del enemigo, también observo tiendas levantadas a lo largo del camino que llevan a ti, y cada una de ellas es un señuelo que promete ser un refugio siempre disponible. Sin embargo, cuando entro, encuentro muros débiles y fácilmente penetrables, que no están a la altura de las armas del enemigo. La derrota y el fracaso me asaltan.

¡Oh Señor, mi Torre fuerte, te ruego que me recuerdes que corra hacia ti y no abandone hasta entrar en tu presencia! Permanecer fuera es fatal, pero morar en ti me asegura la protección. Amén.

La Verdad

Jesús le dijo: «Yo soy… la verdad».

JUAN 14.6 RVR1960

Señor, deseo tener una fe fuerte y enérgica en ti. Como declara tu Palabra: «Porque todo lo que es nacido de Dios vence al mundo; y esta es la victoria que ha vencido al mundo, nuestra fe» (1 Juan 5.4 RVR1960).

Señor, odio tener que admitirlo, pero tú ya lo sabes. ¡a veces mi fe es tan débil! En ocasiones, las dudas se hacen patentes. Satanás, el padre de mentiras, se las apaña para atacarme con sus ingeniosos engaños, y de repente me sorprendo cuestionándote. Pero tú has previsto estos momentos, Señor, y me has dado todo lo que necesito para permanecer firme. Porque tú eres la Verdad, ¡y aferrarse a ti produce victoria! Te pido que esa Verdad inunde mi mente, y me proteja de los dardos de fuego de Satanás. Te ruego que esa Verdad guarde mi corazón de sus ataques. Te suplico que esa Verdad sea el arma que yo empuñe para arremeter contra su ataque.

Gracias por proveer todo lo que necesito para permanecer firme. Gracias por la victoria que viene por medio de la fe en ti. ¡Gracias por ser la Verdad! Amén.

ENTENDIMIENTO

*«Míos son el consejo y el buen juicio; míos
son el entendimiento y el poder».*

PROVERBIOS 8.14 NVI

Señor, estoy confusa. Nuestro mundo gira y gira fuera de control, y no sé en quien confiar o cómo interpretar las circunstancias. Aquello que se solía catalogar como malo se celebra ahora como bueno. Lo que una vez estuvo arriba, está ahora abajo, lo incorrecto es correcto, y a la sabiduría se la considera necedad. Los valores se han inclinado, y el equilibrio social está desequilibrado. ¡Son tantas las voces que gritan contra tu verdad!

Señor, necesito escucharte por encima del clamor. Suplico estar tan sincronizada con tu voz que te oiga incluso cuando susurras. Señor de todo Entendimiento, infúndeme de tu discernimiento. Habla sabiduría a mi alma. Tú afirmas en Santiago que, si alguien carece de sabiduría, debería pedírtela, y tú la repartirás con generosidad. Señor, te lo ruego. Dame sabiduría, dame entendimiento; tú eres su fuente. Amén.

El camino

∞∞∞

Jesús le dijo: «Yo soy… el camino».
JUAN 14.6 RVR1960

Jesús, tú eres el Camino, el camino recto y estrecho que lleva directamente al Padre. Un millar de caminos distintos se extienden ante nosotros, incluso amplias avenidas, pero conducen a la destrucción (JUAN 14.6 RVR1960).

Y «hay camino que al hombre le parece derecho; pero su fin es camino de muerte» (Proverbios 14.12 RVR1960). Señor, Satanás tiene muchos agentes que resaltan su perverso camino, pero tú, Jesús, eres el indicador que señala: «Este es el camino, andad por él» (Isaías 30.21 RVR1960).

Ayúdame a caminar hoy en tu Senda, Señor Jesús. Cuando se presenten otros caminos, te ruego que tú hagas que yo use tu Palabra como «lámpara a mis pies y lumbrera a mi camino» (Salmos 119.105 RVR1960). Porque tú me has dado una Palabra segura, Jesús, y yo haría bien en prestarle atención (2 Pedro 1.19 RVR1960).

Acerca de la autora

LeAnne Blackmore es una profesora veterana de la Biblia, conferencista y autora de estudios bíblicos. Su experiencia en el ministerio abarca toda la gama, desde la escuela en el ciclo medio hasta los años adultos de edad avanzada, pero el deseo de su corazón es que todas las personas conozcan a Dios mediante el conocimiento de su Palabra. En la actualidad está aprendiendo a abrirse camino en la etapa del nido vacío. Si quieres retarla a jugar al ping-pong o a Apalabrados, aceptará; pero estate preparada para una competición implacable. LeAnne y su esposo, Ron, disfrutan viajando, pero siempre les encanta regresar al hogar en las hermosas montañas del este de Tennessee.

Índice escritural